Lernen vom eigenen Ich, um die Gegenwart zu verstehen.

HANDBUCH ZUM ERFOLG

# ZURÜCK

# INS

# LEBEN

LERNEN VOM EIGENEN ICH
UM DIE GEGENWART ZU VERSTEHEN
von Lambert Perner

**Bibliografische Information der Deutschen Nationalbibliothek**
Die Deutsche Nationalbibliothek verzeichnet diese Publikation
in der Deutschen Nationalbibliografie; detaillierte bibliografische
Daten sind im Internet über http://dnb.d-nb.de abrufbar.

Umschlagdesign, Satz, Herstellung und Verlag:
BoD – Books on Demand, Norderstedt
ISBN 978-3-7494-6362-6

Es ist nun einmal so, dass wir in einer Zeit leben, in der die Modernisierung und Technisierung immer größere Ausmaße annimmt. Mit der Arbeitslosigkeit, in der Sie sich im Moment befinden, sollten sich aber nicht nur Menschen auseinandersetzen, die arbeitslos sind. Arbeitslosigkeit und Veränderungen auf dem Arbeitsmarkt sollten und müssen ein Thema für alle sein. Ein harter Wettbewerb hat den Arbeitsmarkt erfasst, viele bangen um den Verlust ihres Arbeitsplatzes. Der Stellenmarkt wie die Lohnbedingungen haben deutliche Veränderungen erfahren.

Die Nutzauslastung der Arbeit, die früher Menschen vorbehalten war, haben im heutigen elektronischen digitalen Zeitalter an vielen Orten Maschinen übernommen. Das Eigenartige dabei ist, das der arbeitenden Bevölkerung immer wieder eine Meinung vorsuggeriert wird, dass jegliche Betriebsinhaber oder Betriebssanierer schuld am Wegrationalisieren von Arbeitsplätzen seien. Das stimmt aber nur zu einem Teil, in Wirklichkeit ist es auch die Zeit, die diese Veränderungen geschaffen hat.

Der elektronische Zeitgeist, dem niemand entfliehen kann, hat uns alle erfasst, niemand kann die Zeit aufhalten, denn die Zeit ist ein sadomasochistischer Bestand unseres Lebens, der sich alles zu unterwerfen hat, dessen sollten wir uns immer bewusst sein. Diesen neuen Zeitgeist, wie auch die Herausforderung, ihn anzunehmen, sollte das Ziel aller sein. Viele von uns müssen sich gedanklich verändern, nur dann bekommt jeder seine Chance, auf dem heutigen Arbeitsmarkt zu bestehen.

Es wäre auch falsch, zu behaupten, dass Firmen immer nur mehr verdienen wollen, um so unsere Arbeitskraft wie unsere Person in Frage zu stellen und sie nur aus diesem einen Grund heraus Arbeiter entlassen. Völlig vergessen wird aus der Sicht von Arbeitern und Angestellten oft, dass durch Umstrukturierungen auch Arbeitsplätze erhalten und gesichert werden und dies die Konkurrenzfähigkeit des jeweiligen Unternehmens stärkt. Nur so können wiederum viele neue Arbeitsplätze weiterhin gewährleistet werden.

**Jede Firma muss heute:**

a) **Preisbewusst**
b) **Flexibel**
c) **Qualitätsbewusst arbeiten können**

Sie muss angebotskräftig auf die heutige Marktlage einwirken können. Alles muss schneller, besser, genauer und auf dem neuesten Hightech-Stand sein. Es ist der Zeitgeist, der gelebt werden will und muss, ansonsten kann dem jeweiligen Betrieb keine Zukunftschance eingeräumt werden. **Aus diesem Grund sollte unsere Aufgabe nicht weiter darin bestehen, als Maschine zu arbeiten,** nein: genau das aber taten viele von uns bis anhin.

Diese Maschinenarbeit haben jetzt viele Maschinen und Computer übernommen, endlich können wir sagen, haben es Maschinen übernommen, endlich hat das monotone Sein, das viele so lange erlebt und gelebt haben, aufgehört. Seien wir doch froh und glücklich darüber und freuen wir uns, dass wir keine menschlichen Maschinen mehr sind. Hurra, jetzt sind wir wieder Menschen, genießen wir dieses Menschsein und fangen wir endlich wieder an zu leben. Zu leben bedingt aber einer geistig flexiblen Voraussetzung.

Damit will ich sagen: Lassen wir doch endlich wieder unseren Kopf arbeiten, nach neuen Perspektiven suchen, benutzen wir doch endlich wieder unseren Geist, dazu haben wir ihn ja. Sagen Sie, haben wir es vielleicht gar nicht gewusst oder hat es unser Bewusstsein verdrängt, dass wir viele Male mehr Maschinen als Menschen waren? Viele von uns wurden automatisiert und computerisiert.

Haben sich wie Roboter verhalten, haben sich umziehen lassen, Befehle entgegengenommen und ausgeführt, ohne viel darüber nachzudenken. Viele von uns haben dabei ihr Ethikverhalten verloren und sich ein Berufsverhalten angeeignet, worin es nur galt, Gewinne zu scheffeln.

Vielleicht haben wir gar nie darüber nachgedacht, dass wir uns wie Roboter verhielten und wir anfingen, uns als solche zu verhalten. Wir uns zu Maschinen umfunktionieren ließen und dabei waren, unser menschliches Verhalten zu verlieren, ohne es selbst zu bemerken?

Wie schade, wo doch das Menschsein eine solch wunderbare Lebensaufgabe sein könnte. **Gut möglich, dass es so war. Wie war noch unser Tagesablauf, als wir noch berufstätig waren oder es immer noch sind?** Am Morgen standen oder stehen wir immer stets zur gleichen Zeit auf, außer wir hatten oder haben vielleicht eine andere Arbeitszeit oder etwas Unvorhergesehenes hat unseren Arbeitszeitplan durcheinandergebracht. Unser Arbeitsweg brauchte immer gleich viel Zeit, bei unseren Arbeitspausen war es nicht anders.

Mittags ebenfalls immer zur gleichen Zeit und am Feierabend dasselbe, immer zur gleichen Zeit. **Alles immer wieder zur gleichen Zeit!** Furchtbar und doch wieder nicht, haben wir uns doch so wunderbar an unseren Lebensrhythmus gewöhnt. Das Schönste am ganzen aber war, als der lange Arbeitstag endlich zu Ende war und wir nachhause konnten! **Wie aber spielte sich unser Tag, der endlich zu Ende war zuhause ab?** Hallo Schatz, hast du das Essen schon fertig, am Anfang da wurden noch Komplimente gemacht, man küsste sich noch, später aber wurden viele dieser angewohnten Lieblichkeiten fallen gelassen. Die Zeit, die Arbeit, das Essen, die schöne und liebe Frau/Mann, die Kinder, alles wurde zur Routine oder stimmt es etwa nicht?

Alles in unserem alten Leben wurde selbstverständlich, so selbstverständlich wie die Arbeit, der wir uns hingaben. **Automatismen** haben sich eingeschlichen, weil sich keiner von uns dagegen gewehrt hat. Roboterhaft wurde unser **Verhalten,** weil wir uns keine Zeit mehr nahmen, über **unser** Leben außerhalb der Arbeit **nachzudenken.** Wir haben unser Leben **automatisiert,** so wie unsere Arbeit automatisiert war. Viele von uns konnten Arbeit und Privatleben nicht mehr auseinanderhalten, viele von uns haben sich ihrem Schicksal **ergeben.**

Unser **Geist** hat sich dem monotonen Alltag **ergeben.** Wir sind in unseren Gedanken bequem und faul geworden, wir ließen uns von Automatismen umgarnen, nun haben sie uns gefangen genommen. Jawohl: **Wir sind Gefangene unserer eigenen Automatismen geworden, sie haben uns eingekerkert. Nun aber wird es Zeit, aus dieser Einkerkerung auszubrechen.**

Es darf nicht unser Ziel sein, dass wir uns während acht, neun oder fünfzehn Stunden wie Maschinen bewegen und arbeiten. Wir dürfen die **Emotionen** zum **Leben** nicht verlieren, wir dürfen sie nicht der **Gleichgültigkeit** hingeben. **Wir haben Mitmenschen, die uns brauchen:**

Die Frau/Mann zuhause, die gerne **erzählen** wollen, was sie den ganzen Tag über alles **erlebt** haben, wie es mit den Kindern war usw. Eltern, Geschwister oder sehr gute Freunde. Natürlich ist das meiste nur Banales, aber vieles davon sind Sachen, die unsere **Seele bewegen,** unser emotionales Denken fördern. Erst wenn sie uns selbst betreffen, entfernen sich diese Begebenheiten vom banalen Weg hin zur **persönlichen Wichtigkeit,** mit der wir uns zu beschäftigen und auseinanderzusetzen haben. Was passiert, wenn die Frau/Mann oder die Person, die zuhause sitzt, uns etwas erzählen will, ist das dann alles nur Banales?

**Nein, ist es nicht!** Dieses Banale schließlich möchte die Frau oder der Mann erzählen, sie möchte sich mit ihm, mit ihr darüber freuen, mit ihm, mit ihr traurig sein, mit ihm, mit ihr ihre **Sorgen teilen.** Leider sind die meisten arbeitenden Menschen nur müde und abgespannt, wenn sie nachhause kommen, darum sind die meisten dieser Menschen **nicht mehr bereit zuzuhören.** Es stimmt, der Stress am Arbeitsplatz hat zugenommen, die Produktivität jedes Einzelnen wurde immer mehr ausgeweitet und erhöht. Ihr menschliches Sein hat sich verändert, ohne es selbst zu wahrzunehmen. Gefühle für das persönliche Interesse ihrer Sache wie auch die ihres Betriebes können sie nicht mehr produzieren und offenlegen und gar viele sind oder waren dem **Burnout sehr nahe.**

Wenn dann auch noch die Kinder kommen, von ihren Sorgen in der Schule oder ihrem täglichen Leben erzählen wollen, ist es für die **Väter oder Mütter** meistens nichts Wichtiges, weil sie sich gar nicht die Zeit nehmen, das Gesagte und Befragte wie ihre **Wichtigkeit herauszuhören** und zu analysieren.

**Antworten zu geben, die so wichtig** für den Fortbestand einer glücklichen Familie sind – diese Wichtigkeit ist zu einem großen Teil durch ihre geistige Überbelastung gestört. Wirklich wichtig für den nachhause Kommenden ist im Moment nur noch sich **auszuruhen.** Auch das sind Automatismen, die man sich schon während langer Zeit angewöhnt hat, ohne sie wahrzunehmen. Eine schleichende, nicht wahrnehmbare Veränderung hat diese Menschen erfasst.

Dabei haben viele dieser Menschen **verlernt, die wirklichen Schönheiten** und Wichtigkeiten des Lebens, alles, was für sie früher der Lebensinhalt war, weiterhin mit offenen Augen zu sehen.

**Zum Beispiel:**

- **Die glänzenden Kinderaugen und sich darüber zu freuen**
- **Endlich mit den Menschen, die man liebt, zusammen zu sein**
- **Endlich miteinander sprechen zu können**

- Endlich miteinander wieder einmal zu spielen
- Miteinander zu lachen
- Endlich miteinander die Freizeit zu genießen
- Endlich miteinander das Glück des Zusammenseins mit Freuden zu erleben

Etwas, das am Anfang noch vorhanden und selbstverständlich war, später aber durch die Stresssituation, die sich eingenistet hat, immer mehr verloren ging. Das einst Versprochene geht vergessen, ohne dass man sich darüber ernsthaft Gedanken macht. Doch was soll's, der geliebte Mensch ist einfach nur müde und abgespannt. Automatismen haben ihn ergriffen, **ferngesteuert geht er zum Fernseher, schaltet diesen ein, um später davor einzuschlafen.** Immer wieder, immer wieder.

**Dieser Mensch ist zu einer Maschine geworden, zu einer menschlichen Maschine** und er hat es nicht einmal bemerkt, weil er stressbedingt ausgelaugt und müde war. Seine Produktionsfähigkeit in der Firma wie auch zuhause hat wegen der ständigen Übermüdung nachgelassen. Die Kontrolle über sein eigenes zeitliches Tun ging verloren, **wie traurig.** Nun ist dieser Mensch stellenlos und die Automatismen dieser Menschen schreien nach ihren Gewohnheiten. Dieser Mensch muss sich jetzt neu orientieren.

Einen Ausweg finden, um seine Gewohnheiten zu beruhigen, ist das Schwierigste, das auf diesen Menschen zukommt. Es ist ein **Teufelskreis,** in dem sich dieser Mensch nun bewegt. Seine Gedanken drehen sich immer schneller, je schneller sich diese Gedanken drehen, desto weniger kann sich dieser stellenlose Mensch in seinem momentanen Umfeld zurechtfinden.

**Neue unbekannte Stresssituationen bauen sich auf.** Alle diese stellenlosen Menschen brauchen ein Konzept, das sie aus ihrem Teufelskreis herausholt. Es braucht eine Auseinandersetzung mit der **Ist**-Situation sowie eine **Analyse** der eigenen **Persönlichkeitsfindung. Fangen wir doch einfach mit der Ist-Situation an:**

**In der heutigen Zeit arbeitslos zu sein, ist ein durchaus normales Phänomen.** Der Prozentsatz arbeitsloser Menschen beträgt ca. zwei bis drei Prozent. Bleibt noch zu sagen, dass es nicht weniger, sondern eher mehr werden. Dieses

Problem ist in nächster Zeit nicht zu beheben, auch mit größten **Bemühungen der staatlichen** Einrichtungen nicht. So leicht lassen sich neue Arbeitsplätze nicht schaffen. Hinzu kommen viele neue Arbeitssuchende aus Fremdländern.

Viele Firmen arbeiten heute mit Subunternehmen zusammen, die aus dem Ausland kommen, um ja den größten finanziellen Vorteil zu schöpfen. **Hier gilt: Wir können nicht die Welt verändern, doch wir können uns und unser Umfeld verändern,** wir können dieses Umfeld um vieles verbessern. Viele neue arbeitslose Menschen heute schämen sich, zum Arbeitsamt zu gehen, sich dort eintragen zu lassen, sich neuen **Erniedrigungen** hinzugeben, ist keine leichte Sache.

Viele dieser Menschen empfinden dies als Diskriminierung. Sie fühlen sich an den Pranger gestellt und sie fühlen sich in ihrer Würde verletzt. **Warum fühlen wir uns in unserer Würde verletzt?** Ganz einfach weil uns der Glaube anerzogen wurde, dass nur **der Mensch etwas wert sein soll,** der eine produktive Arbeit vorzuweisen hat.

Vorurteile holen uns ein. **Warum und wieso ist es so?** Weil wir unseren Wert von der Gesellschaft bestimmen ließen. **Und genau das dürfen wir nicht zulassen.** Der **Wert,** unser **Eigenwert,** muss von unseren Gedanken bestimmt werden, wir dürfen uns nicht in Schablonen pressen lassen, wir müssen unser individuelles Denken behalten **und nicht Vorurteile** von anderen übernehmen. Wir müssen lernen, situationsbedingt zu denken und uns den Wahrheiten stellen. **Wahrheiten,** die für uns immer wieder Neues offenbaren.

**Hier liegt unser größtes Problem:**

> Wir müssen neu lernen und bereit sein, unseren **Wert selbst zu bestimmen.** Wir müssen lernen, unseren effektiven Wert als Person wie als Arbeitskraft **in uns zu suchen, zu analysieren und zu erkennen.** Wir müssen unsere Werte eigenständig beurteilen, um unsere **Selbstständigkeit** wiederzufinden. Erst danach werden wir lernen, mit unseren Problemen richtig umzugehen und **sie auch zu lösen.**

Niemand hat einen **Grund** und keiner sollte sich **schämen,** stellenlos zu sein; wie schon gesagt, es kann schließlich jedem passieren, arbeitslos zu werden. Besonders in der heutigen Zeit! In einer Zeit, in der die Gewinnmaximierung und die

Straffung von Arbeitsplätzen im unternehmerischen Denken einen festen Platz einnehmen. Hinzu kommt der **technische Fortschritt,** der immer neuere Maschinen entwickelt und es werden noch viel mehr Arbeitsplätze wegrationalisiert werden. Keiner wird diesen **Zeittrend** aufhalten können, außer eine vernünftige Gesetzesmaßnahme würde zu einem strukturellen **Arbeitsrecht** aller hinführen.

Es wird eine Zeit kommen, in der die Maschinen für uns die Sozialabgaben bezahlen werden. Der Staat, wird nicht darum herumkommen, diese Einnahmequelle an den Maschinen zu erheben. Eine **Digitalsteuer** wird früher oder später **Realität** sein. Die Sozialversicherung unserer Kindeskinder werden zu einem großen Teil irgendwann in der kommenden Zeit **Maschinen** berappen müssen. Irgendwann werden mit aller Wahrscheinlichkeit Steuern auf die Maschinen und Roboter erhoben werden, um den **Sozialstaat** aufrechtzuerhalten. **Das Computer- und Elektronikzeitalter**, die **Digitalisierung** hat seit langer Zeit schon Einzug gehalten, Computer ersetzen heute schon Millionen von Arbeitsplätzen! Die Übersättigung der Kaufkraft ist zu einem großen Teil ausgereizt!

Wenn alle alles haben, wie viel lässt sich dann noch verkaufen? Doch bin ich auch überzeugt, dass der Markt immer überleben wird. **Der Dienstleistungssektor ist ausbaufähig, diese Ressourcen stehen allen offen! Die innovative Marktwirtschaft und seine klugen Köpfe werden den Arbeitsmarkt immer wieder zu neuem Leben ankurbeln. Hier gilt es, neue Märkte zu erschließen!**

- **Hier gilt es, Marktlücken zu finden!**
- **Hier sind innovatives Denken und Handeln gefragt!**
- **Hier gilt es, in die Zukunft zu schauen und neue Märkte zu finden!**

All das wird geschehen, der Zeitschritt ist nicht aufzuhalten, Firmen, bei denen Gewinnmaximierung im Vordergrund steht, werden immer vorhanden sein. Die Arbeitslosigkeit darf nicht verdrängt werden, sie muss nüchtern und sachlich beurteilt, behandelt und bearbeitet werden. Das nicht nur **von den Behörden,** nein im Besonderen von den betroffenen **stellenlosen Menschen selbst.**

Nur dann ist eine veränderte, verbesserte Lebensqualität aller möglich. Dieses Bewusstsein muss in allen Schichten der **Bevölkerung aufkeimen.** Momentan **stellenlose Menschen** dürfen niemals vom Rest der Bevölkerung verurteilt werden, auch wenn die Stellenlosigkeit längere Zeit andauert. Die Stellenlosigkeit sollte als **normaler Zeitimpuls** aufgenommen werden und der Respekt zu diesen Menschen muss vermehrt im Vordergrund stehen.

**Plus:**

**Der Wert eines Menschen darf nicht nach seiner Stellenlosigkeit, sondern nach seinem Wissen, Fähigkeiten, Geistigkeit wie Persönlichkeit beurteilt werden.**

Kluge Köpfe haben die Welt verändert und werden sie weiterhin verändern. Wir alle haben einen Geist, viele gute Gedanken und Ideen. **Gebrauchen Sie Ihren Geist** und helfen Sie mit, Ihr Leben und das Leben vieler anderer positiv zu verändern. Unser momentanes Sein ist kein Hinderungsgrund, im Gegenteil, er sollte uns bestärken, unseren Geist anzukurbeln, denn dazu haben wir ihn. Wenn jemand zum Arbeitsamt geht, nützt er nur die sozialen Möglichkeiten aus, die ihm während seiner **Arbeitslosigkeit zustehen.** Es ist sein gutes Recht, finanziell abgesichert zu sein. Wir alle leben in einem abgesicherten Sozialstaat. **Arbeitslos zu sein kann für viele Menschen Vorteile bringen, wenn sie dazu bereit sind!** Und seien wir glücklich, dass es diese Vorteile gibt; es gilt, **diese zu erkennen** und **anzuwenden**. Ich glaube sogar, heutzutage arbeitslos zu sein ist für viele **eine neue Chance, ihr Leben** besser und positiver zu gestalten. **Warum?** Weil sie die Chance haben, etwas Neues hinzuzulernen, man bedenke nur einmal, wie viel **Umschulungen kosten, wie viel all die Sprachkurse kosten, wie viel all die Weiterbildungskurse kosten,** dazu die Zeit und der Aufwand, der erbracht werden muss.

Für die meisten arbeitenden Menschen praktisch ein Ding der Unmöglichkeit. **Ja, auch in bejahrten Jahren können Sie all diese Vorteile in Anspruch nehmen.** Sie haben unendlich viele Möglichkeiten, Ihre Weiterbildung zu gestalten. Sie leben in einem sicheren Land, das **Ihnen hilft, Ihr Leben neu auszurichten.** Dieses Land gibt Ihnen viele Chancen, greifen Sie zu, Sie verdienen es. All diese Vorteile schenkt Ihnen die Arbeitslosigkeit und bietet verschiedene Möglichkeiten als Kompensation und Ausgleich an, **Ihr Leben neu zu gestalten.**

Sollten Sie momentan keine Arbeit haben, greifen Sie zu, machen Sie mit, unser Staat gibt Ihnen diese Chance. **Ergreifen Sie diese Chance, es ist Ihre Chance!** Entfliehen Sie Ihrem Alltagstrott, dem Sie vielleicht schon seit Jahren angehören mussten. Nun aber ist die Chance da, einen neuen Anfang zu machen. Jetzt wird Ihnen die Möglichkeit geboten, neues Wissen zu erlangen, um den eigenen Horizont zu erweitern. **Sie haben die Möglichkeit, sich neue Ziele zu setzen.**

- **Ihr Leben neu auszubauen**
- **Zeit, geistige Werte zu analysieren**
- **Diese Werte neu zu definieren**
- **Ihrem Geist neue Werte zufließen zu lassen**

Dagewesenes rückt in den Hintergrund, vergangene Werte sind am Verblassen. Das Zeit jetzt Gefühl muss alle, die es betrifft, ergreifen. Positives Denken ist angesagt und vergessen Sie nicht, alles könnte noch viel, viel schlimmer sein! **Seien Sie glücklich und freuen Sie sich darüber, packen Sie Ihre Chance, jetzt ist sie da.** Ich habe viele arbeitslose Menschen gesehen, mit ihnen gesprochen und mit ihnen gearbeitet. Hunderte waren es, ich habe sie beobachtet und analysiert und ich weiß, wovon ich spreche.

Von diesen hunderten von Menschen waren es vielleicht zehn Prozent, die ihre **Würde** während längerer Arbeitslosenzeit behalten hatten, **der Rest ließ sich gehen, ohne es selbst wahrzunehmen.** Sie waren nicht mehr dieselben Menschen wie vorher.

Vieles von ihnen vernahm ich aus dem Umkreis der Familie und von Freunden. Ihr persönlicher Wertverlust war so groß, dass ihr wirklicher Eigenwert für sie nicht mehr erkennbar war.

**Unter persönlichem Wertverlust lässt sich folgendes Verhalten einordnen. Sich nicht mehr zu rasieren**

- **Seine Frisur zu vernachlässigen**
- **Sich nicht mehr korrekt anzuziehen**
- **Keines bis seltenes Grüßen**
- **Kein Lächeln**
- **Unsicheres Auftreten**
- **Wenig Gesprächsteilname**
- **Sich aus der Gesellschaft zu entfernen**

**Sogar das Gehen und Laufen** hat sich bei vielen dieser Menschen verändert. Sie gingen auf einmal gebückt, leicht nach vorne gebeugt und der Kopf eingezogen. Man sah diesen Menschen die **Schwere ihrer Last an,** die sie zu tragen hatten. Es ist eine Lastschwere, die aus der Seele kommt, ihre Leichtigkeit des vorherigen Lebens ist verloren gegangen. Ist es vielleicht möglich, dass die Seele zu der Zeit, als diese Menschen noch gearbeitet haben, mit **Glücksgefühlen angereichert war**? Natürlich, wie sonst könnten wir unsere Freuden und Schwermut mit unsrem **Verhalten** so stark zum Ausdruck bringen. Für alle diese Menschen ist jetzt eine große Schwere eingekehrt, die ihre Seelen in einen negativen Zustand versetzt.

**Es ist auch kein Wunder,** dass diese Menschen mit der Situation, in die sie geraten sind, nicht umgehen können, zu **ungewöhnlich ist ihre Ist-Situation** jetzt. Der Kopf, den sie früher hoch erhobenen Hauptes getragen haben, wo ein strahlendes Lächeln angegliedert war, hat für viele in ihrer jetzigen Situation die **Erdrichtung** eingenommen. Es ist fast so, als wolle sich ihr inneres Auge der Gegenwart **entziehen**.

Das alles nur, weil sie sich in die Gegenwart ihres seelischen Zustandes flüchten. In eine Welt, in der es viel weniger schön ist als die Welt, die ihren Augen dargeboten wird. Viele, vor allem **NEU ARBEITSLOSE MENSCHEN,** möchten sich am liebsten unsichtbar machen. Hier fand die erste **Destabilisierung** der eigenen **Persönlichkeit und Wertvorstellung statt.** Das alles sind Menschen, die **ihrer** eigenen Persönlichkeit den **Wert** nahmen oder sich diesen Wert nehmen ließen, ohne sich dagegen aufzulehnen, ohne sich zu hinterfragen.

Sie waren nicht bereit, dem eigenen Ich genug **Rückhalt** zu geben. Sie haben die Verantwortung abgegeben und verließen sich nur noch auf die **Wertmaßstäbe anderer,** aus diesem Grund heraus haben sie vieles von ihrer Persönlichkeit verloren.

Sie haben sich einen Wert zugeordnet, der das soziale Verhalten der gesellschaftlichen **Hierarchie widerspiegelt.** Diese Menschen beschäftigen sich zu sehr mit ihrer Vergangenheit, aber genau diese gilt es loszulassen. Der zurzeit gemessene Wert dieser Menschen muss neu eruiert und gefunden werden. Das **Ist Zeit Gefühl** muss einem **glücklichen** Platz zugeordnet sein. **IST und JETZT sind angesagt, diese IST ZEIT** sollte einem Fensterplatz zugewiesen werden, um die **Sonnen des Lebens** weiterhin genießen zu können. Das, was sich besonders schwerwiegend auswirkt, ist, dass diesen Menschen das **Besondere,** das **Wichtigste,** das allen Menschen anhaftet, an ihnen selbst verloren ging: ihr **Charisma.**

Das **Charisma,** die positive **Lichtgestalt,** die in jedem Menschen vorhanden ist, gilt es, wiederzufinden. Man könnte auch sagen: Die Freuden des Lebens werden von Ihnen nicht mehr in die Welt **hinausgestrahlt,** Ihre Ausstrahlung ging verloren. Sie schließen sich Freuden aus oder Sie lassen fast keine Freuden mehr zu und unterbinden so die wichtigste Lebensader Ihres Daseins. Genau das sollte niemals passieren. **Sie brauchen die Gesellschaft und die Gesellschaft braucht Sie!**

**Mal ganz ehrlich, wer ist schon gerne:**

- **mit einem verstockten**
- **griesgrämigen**
- **negativ denkenden**
- **nörgelnden, unzufriedenen Menschen zusammen?**

**Ich nicht, Sie nicht und alle anderen auch nicht!** Zu einem solchen Menschen sind viele leider geworden, ohne es selbst wahrzunehmen. Diese Menschen haben es dann schwer, bei Vorstellungsgesprächen ein positives Lebensbild einzubringen. Ihre Belastbarkeit hat ohne charismatische Ausstrahlung einen großen Einbruch erlitten. **Für diese Menschen gibt es sehr viel zu tun, ihr Outfit wieder richtigzustellen, um wieder wettbewerbsfähig zu werden.**

Doch zuerst wollen wir einmal erforschen, warum sich so viele stellenlose Menschen so sehr verändert haben. **Warum** diese stellenlosen Menschen nicht einen Gegenfluss gegen ihre Destabilisierung aufbauten. **Warum** haben diese Menschen ihren eigenen Wert destabilisiert und so ihrer Persönlichkeit den Wert genommen? **Was für eine Last bedrückt nun diese Menschen?** Ich weiß, dass es viele Lasten sind, die sich angehäuft haben, davon ist d**ie größte Last, die ihr jetziges Leben beinhaltet, die Angst.**

Jawohl, große Angst hat von vielen dieser Menschen Besitz ergriffen, **hinzu hat ein vorher nie gekanntes Schamgefühl** sich ihrer bemächtigt. Durch dieses Schamgefühl wird eine große Unsicherheit freigesetzt. So wird wieder ein Teufelskreis in Gang gesetzt, der diesen Menschen viel an Kraft nimmt. Demotivation wie Unsicherheit werden freigesetzt. Diese Menschen schämen sich für etwas, wofür es keinen Grund sich zu schämen gibt. Beobachten wir doch einmal einen arbeitslosen Menschen, der etwa ein halbes Jahr arbeitslos ist, aufs Amt gehen muss, um sich zu rechtfertigen.

**Die Haltung, die diese Menschen einnehmen, ihre Unsicherheit, die sie ausstrahlen, das Schamgefühl, das sich ihrer bemächtigt hat, wie die Leichtigkeit, die sie zum Leben verloren haben.** Viele fühlen sich als Versager gegenüber der arbeitenden Bevölkerungsschicht. Das Schamgefühl, von jemandem gesehen zu werden, der es vielleicht weitererzählen könnte, dass er oder sie arbeitslos sind, macht vielen von ihnen zu schaffen.

Das und vieles mehr quält diese Menschen, **Angst ist es, mit der sich diese Menschen immer wieder auseinandersetzen müssen. Angst, Angst und nochmals Angst. Verlustängste prägen sich ein, ihr Leben destabilisiert sich,** und alles nur wegen einer anerzogenen Moralvorstellung, in einer leistungsorientierten Gesellschaft, in der einem Glauben gemacht wird, immer wieder produktive Leistung vorweisen zu müssen.

**Sollten Sie mit einer solchen Moralvorstellung leben, können Sie diese ohne schlechtes Gewissen sofort über Bord werfen. Wir müssen einen anderen Weg wählen und finden.** Wir müssen lernen, positiv zu denken, denn es gilt, unsere Seele glücklich zu machen, um **zusammen mit anderen Menschen glücklich zu sein.** Wir lassen uns von niemandem Schatten auferlegen. **Wir müssen zu Ignoranten werden,** wenn es Menschen gibt, die uns negativ beeinflussen. Vielleicht meinen sie es gut; nur das, was für uns wirklich gut ist, muss jeder für sich selbst entscheiden. Wir müssen immer der Chef unseres eigenen Denkens bleiben.

**Wir entziehen uns der negativen Gesellschaft,** wir lassen uns von niemandem mehr negatives Denken auferlegen, **das wird unser neuer Leitfaden für unser neues Leben.** Wir müssen wieder lernen, glücklich zu sein, nur dann werden wir unsere Stärken wiederfinden. Hören Sie auf, darüber nachzudenken, was alles schiefgelaufen ist, was Ihnen der Tag alles vorenthält, wir alle wissen, Vergangenes kann nicht zurückgeholt werden, es ist nun einmal passiert. Denken Sie immer daran. **Dass man vieles im Leben nicht verändern kann, sollte einen nicht ärgern. Lernen Sie, sich wieder zu freuen an dem, was Ihnen der Tag bietet:**

Nun werden Sie sich fragen: Worüber soll ich mich freuen, wenn ich stellenlos bin und das Gefühl habe, versagt zu haben? Denken Sie positiv und Sie werden sehen, wie viel Schönes der Tag zu bieten hat.

- **Freuen Sie sich, dass Sie am Morgen erwachen!**
- **Freuen Sie sich, dass die Sonne scheint!**
- **Freuen Sie sich, dass Frau/Mann und Kind bei Ihnen sind!**
- **Freuen Sie sich über Ihre Eltern, Freunde usw.**
- **Freuen Sie sich einfach über jeden neuen Tag**
- **Freuen Sie sich, wie viel Schönes Sie jeden Tag zu sehen bekommen**

Freuen Sie sich, dass Sie Ihre Kinder aufwachsen sehen! Freuen Sie sich über Ihr ganzes jetziges Leben, so wie es sich Ihnen zeigt, freuen Sie sich, dass Sie am Leben sind und denken Sie daran, dass es Menschen gibt, welchen es viel, viel schlechter geht. **Lernen Sie, sich allem gegenüber positiv einzustellen**, dann werden Sie den Weg schaffen, Ihr Leben in den Griff zu bekommen. Halten Sie sich so gut wie möglich von allem Negativen fern.

Lernen Sie, sich nicht mehr über vieles aufzuregen, dann bauen Sie den Stress ab, der Ihrem Leben so hinderlich ist. Lernen Sie, positiv zu denken, alles im Leben ist nur eine Lern-Frage, wie sehr Sie der Meister Ihrer Gedanken sind. Lachen Sie in die Welt, immer wieder und wieder.

**Geben Sie niemals auf, den Glauben an sich zu verlieren. Nutzen Sie und freuen Sie sich über die Gelegenheit, Ihre Seele kennenzulernen. Denken Sie über sich nach, lernen Sie Ihr inneres Ich kennen. Jetzt haben Sie Zeit dazu, diese Zeit währt vielleicht nicht lange, nützen Sie diese Zeit jetzt, es ist Ihre Gelegenheit.**

- **Viele von euch werden sich jetzt fragen: Wie lerne ich meine Seele kennen?**
- **Wie lerne ich mit meiner Seele zu kommunizieren?**
- **Und gar mancher wird sich fragen: Wer oder was ist überhaupt meine Seele?**

Nun ich glaube, die Seele ist ein Gefühl, das in einem lebt, es ist eine Art Bauch-Herz-Geist-Gefühl, das Ihnen die Antwort gibt, was für Sie richtig und was für

Sie falsch ist. Ihre Seele ist die Verbindung zu Ihrem Geist. **Die Seele ist ein überirdischer Gefühlsmechanismus in uns, sie ist die Verbindung** zu unseren Gedanken, die unseren Geist in ein Wohlbefinden steuert, um unserem Sein die Schönheiten und die Traurigkeit des Lebens zu zeigen. Wir alle sollten lernen, die **Tiefensprache unserer Seele zu verstehen, um sie mit unseren Gedanken zu verbinden.**

Wir müssen **Abstand** nehmen von anerzogenen **Automatismen,** die unser Leben beherrschen wollen. Wir müssen lernen, mehr auf unser **Gefühl** zu hören. Jetzt, wo Sie stellenlos sind: Wenn Sie das wahrgenommen haben, haben Sie Ihre **Oberflächlichkeit** um ein Vielfaches reduziert, weil Sie **Demütigungen** ausgesetzt wurden und so gezwungen wurden, selbst demütig zu werden. Diese Erfahrung tut jedem gut. **Vergessen Sie nicht,** Oberflächlichkeit bedeutet, stets nur das Nächstliegende zu sehen. Auf all diese Fragen können Sie **heute eine Antwort** finden und geben, all diese Fragen können Sie heute besser verstehen. Sie hatten und haben Zeit, Ihre Seele zu suchen, um sie mit Ihren Gedanken zu verbinden und Sie haben die Gelegenheit, sie zu finden, um mit ihr zu kommunizieren.

Erst wenn Sie das **vollbracht** haben, können Sie Ihrem Bewusstsein einen **höheren** Wert zuordnen.

**Überlegen Sie doch einmal:**

- **Welche Erlebnisse haben Ihr Leben geprägt?**
- **Welche Dinge waren für Sie von Wichtigkeit?**
- **Woraus bestand der Wert Ihres bisherigen Lebens?**
- **Woraus bestand der Wert Ihres Alltags?**
- **Welches Talent besitzen Sie?**
- **Worin liegen Ihre größten Stärken?**
- **Wie soll Ihre Zukunft aussehen?**

Nun machen sich **veränderte** Gefühle in Ihnen breit, **Ihr ganzes Denken** nimmt eine andere Gestalt und Form an, Ihre Seele spricht mit Ihnen und Sie horchen ihr zu. Eine neue **Zuversicht** schleicht sich in Ihre Gedanken ein, eine Zuversicht, die Ihrer Zukunft vorauseilt.

**Freuen Sie sich und seien Sie glücklich,** dass Ihre Seele mit Ihnen spricht, Sie sind dabei, sich selbst wiederzufinden. Sie sind dabei, zu lernen, Ihre **menschlichen Sinne** neu zu erforschen, neu wiederzubeleben. Sie sind daran, Oberflächlichkeiten, die Sie bis anhin hatten, **abzulegen.** Seien Sie nicht enttäuscht, wenn es ein langer und weiter Weg wird, bis **Sie Ihr Ziel** erreicht haben.

Die Aufarbeitung Ihrer jetzigen stellenlosen Situation wird für Sie zu einer Vollbeschäftigung, denn sie beansprucht Ihre volle **geistige Konzentration.** Fragen Sie sich einmal selbst, haben sich Ihre Gedanken **verändert?**

Haben Sie zu Ihrer jetzigen Situation einen anderen Wertzugang als früher gefunden, wo Sie noch beschäftigt waren? **Bestimmt haben Sie das! Haben Sie sich die Frage schon einmal gestellt, warum Sie Geld von der Arbeitslosenkasse erhalten und haben Sie die richtige Antwort darauf gefunden?** Unser Sozialsystem ist so ausgerichtet, dass jeder, der keine Arbeit hat, bezugsberechtigt ist, Arbeitslosengeld zu erhalten oder von der Sozialfürsorge unterstützt zu werden.

**Vergessen Sie nicht, Sie erhalten dieses Geld nur, weil es Ihnen zusteht, weil Sie auch einbezahlt haben, ansonsten würden Sie Ihr Geld niemals erhalten. Sie haben Anspruch auf dieses Geld,** ohne dafür irgendjemandem Rechenschaft abgeben zu müssen, **Sie haben das Recht, in unserem Sozialstaat zu leben.** Natürlich müssen Sie darum besorgt sein, eine Arbeit zu finden und sicherlich setzen Sie alles daran, so schnell wie möglich einen neuen Arbeitsplatz zu finden. Sie haben das Recht, zum Arbeitsamt oder **auf das Sozialamt zu gehen,** weil unser Rechtsstaat so ausgerichtet ist. Weil alle sozial denkenden Menschen sich für dieses Recht eingesetzt haben. **Es gibt keinen Grund, sich Vorwürfe zu machen** und es gibt noch weniger Grund, sich dafür **schämen** zu müssen, keine Arbeit zu haben. **Es gibt keinen Grund, in Angst zu leben! Genauso wenig Grund gibt es, sich vor der Zukunft zu fürchten!**

Natürlich müssen Sie kürzertreten und Einsparungen machen, dabei müssen Sie sich Ihrer **Situation stellen.** Denken Sie immer daran, dass Ihre Zukunft abgesichert ist, Sie werden nie verhungern, **Ihrer Familie** wird es immer den Umständen entsprechend gut gehen, in diesem Land werden Sie immer genug zu essen haben. Vielleicht wird es etwas anders oder unter Umständen auch etwas weniger sein, um seine **Existenz** braucht sich in diesem Land aber niemand zu fürchten.

Sie werden immer eine Wohnung haben
Sie werden immer genug anzuziehen haben
Ihre Kinder werden immer die Schule besuchen dürfen
Wenn Sie krank sind, werden Sie immer behandelt werden
Sie und Ihre Familie werden niemals vor dem Nichts stehen (gemeint
ist Ihre materielle, menschliche Existenz).

**Sie werden nie richtig arm sein,** denn Sie wurden in eine Welt geboren, in der das soziale Denken **zuhause** und **zugesichert** ist. Darum wollen, können und müssen wir uns über unsere Zukunft **freuen. Sie bringt uns Neues! Sie bringt uns Schönes!** Es liegt nur an uns, was wir aus unserer Zukunft machen, das müssen unsere Gedanken sein.

**Positives Denken** – nichts anderes darf sich in unseren Köpfen festsetzen. Wir müssen aber auch daran glauben, ohne an unsere Zukunft zu glauben, geht es nicht. Die Last, die wir uns aufgeladen haben, müssen wir wieder loswerden. **Diese Last müssen wir abladen! Sie haben richtig verstanden, abladen, nicht umladen!**

Viele Menschen laden ihre Lasten um, sie laden ihre Lasten um auf Menschen, die ihnen am liebsten sind, Menschen, die sie lieben.

**Zum Beispiel:**

- **Auf die Familie**
- **Auf die eigene Frau**
- **Auf den Mann**
- **Auf die Kinder**
- **Auf die Eltern**
- **Auf die besten Freunde**

**Warum tun wir das eigentlich?**

Es ist wohl die tägliche Zweisamkeit, man ist sich dieser Menschen ja so sicher. Viele von uns sind, wenn sie mit fremden Menschen zusammen sind, **galant, freundlich, hilfsbereit, charmant. Ja, Fremden gegenüber zeigen wir uns oft von unserer allerbesten Seite.** Nur zuhause haben wir so unsere Probleme, da verändern wir uns und sind nicht mehr **so galant, wir zeigen nicht mehr unser schönes Gesicht,** nein zuhause zeigen wir unser **Alltagsgesicht** und das sieht sehr oft ganz anders aus. **Es ist nicht mehr so liebevoll und hilfsbereit, es ist viele Male gereizt, vielleicht ist es sogar ein wenig hässlich!**

Viele Menschen schwärmen von uns, wahrscheinlich schwärmen sie aber nur von uns, **weil sie uns nicht so gut kennen?** Würden sie unser „Zuhause-Gesicht" sehen, dann würden wohl viele von ihnen nicht mehr so von uns schwärmen. Zuhause sind die meisten von uns ganz andere Menschen. **Viele von uns laden** ihre **Sorgen** auf die Familie, auf die Frau, auf die Kinder oder auf den Mann um.

Menschen, die sich so verhalten, werden mit der Zeit unausstehlich, manches Mal entwickeln sich diese **Menschen zu Tyrannen. So manche Familie hat es in dieser Zeit sehr schwer und sie lebt sich auseinander.** Leben in einem täglichen Kampf, um die eigene **Persönlichkeit vor Bösartigkeiten** des anderen zu schützen.

Vieles wird als **Angriff** gewertet, Schuldgefühle werden zugewiesen, schwere und weniger schwere Gewichte werden auferlegt, **Gewichte, die mit der Zeit zu schmerzen beginnen,** Gewichte, die oftmals nicht mehr zu ertragen sind, weil sie so furchtbar wehtun. Um unsere liebsten Menschen nicht zu verlieren, müssen wir einen Weg finden, diese Gewichte **woanders abzuladen. Ja! Abladen, abladen, nicht umladen, abladen an einem Ort, wo unsere Gewichte keinen Schaden anrichten.** Es bringt nichts und niemandem etwas, wenn wir andere Menschen bejammern und so unser negatives Denken offenbaren, das Gegenteil ist der Fall. Diese Menschen entfernen sich mit der Zeit immer mehr von uns, weil es für sie nicht mehr zu ertragen ist. Diese Menschen müssen sich schützen, ansonsten haben sie all das Negative auch in sich, das den anderen bedrückt, der gewillt ist, ihnen alles aufzuladen.

**All die Gewichte, die wir anderen aufladen, tun weh, bereiten Schmerzen, wie sie auch uns Schmerzen bereiten.** Es bleibt nur eines: **Wir müssen lernen,** Gewichte abzuladen, um **Gleichgewicht** zu schaffen. **Gleichgewicht, das mit unserer Lebensfreude verbunden ist.** Diese Lebensfreude gilt es zu finden, auch wenn wir glauben, noch so viel Kummer zu haben, **unsere Lebensfreude geht niemals ganz verloren.** Wir alle brauchen nur eine kleine Bestätigung, die uns einen kleinen Wert wiedergibt und schon geht es uns besser.

**Manches Mal müssen wir diesen Wert suchen,** vor allem dann, wenn wir denken, ganz verzweifelt zu sein. In diesen Momenten brauchen wir den kleinen Wert ganz besonders. **Vergessen wir nicht: Wer suchet, der findet!** Die kleinen Sonnen, die uns umgeben, sind immer vorhanden, wir müssen nur unsere Gedanken dazu bewegen, **diese kleinen Sonnen, die uns umgeben, auch zu sehen.** Diese Lebensfreude gilt es, immer wieder aufs Neue zu suchen, danach müssen wir sie in uns implantieren, damit wir mit Freude an unser neues Leben glauben.

**Unsere Lebensfreude ist der Lohn unseres Lebens, dieser Lohn lässt sich nur in unserem Geist finden. Darum müssen wir die Lasten abwerfen, die uns zum positiven Sein hinderlich sind.**

Lernen Sie wieder zu lachen, ob Sonne oder Regen, lernen Sie diese kleinen Sonnen für sich zu bauen, die ihre Strahlen auf alle Menschen aussenden, um diese zu wärmen. **Diese Strahlen werden reflektieren und Ihnen die Lasten, die Sie tragen, um vieles erleichtern.** Deshalb muss unser ganzes Menschsein darauf ausgerichtet sein, Menschen ohne Unterschiede hinsichtlich Hautfarbe, Herkunft, Religion, ob arm oder reich zu respektieren und anzuerkennen. Nur wer anderen diese Anerkennung zukommen lässt, wird durch Erfahrung lernen, was positives Denken bewirken kann.

**Wenn wir das fertig bringen, haben wir uns schon von einer sehr großen Last befreit.** Wir produzieren in uns eine Energieumwandlung, wir gehen vom negativen ins positive Sein über. Aggressionen wie Abwehrkräfte dieser Energien, die wir ansonsten dazu aufwenden müssen, fallen weg. **Von dieser Last kann sich jeder selbst befreien, wir dürfen uns durch nichts um die persönlichen Früchte bringen lassen.** Dabei muss uns allen nur bewusst werden, dass **vieles,** was wir materiell besitzen, nur Gewichte sind. **Materiell** angehäufte Gewichte, die sich in unserer **Psyche** eingenistet haben. Der Wert, der diesen materiellen Gewichten gegeben ist, wurde nicht von uns festgelegt, dieser uns **anerzogene** Wert wurde von anderen gegeben, um später **von uns großgezogen** zu werden.

**Wertmaßstäbe und Statussymbole wurden von der Gesellschaft erfunden und obliegen einer großen Oberflächlichkeit.** Viele Moralvorstellungen unserer Gesellschaft sind die Oberflächlichkeit selbst, solange sie kein spirituelles Denken beinhalten, dabei sollten wir nicht **vergessen: Die Wahrheit von heute ist die Lüge von morgen.** Moralvorstellungen wie gegebene Werte werden endwertet und umgeschrieben. Die Wahrheit von heute ist einem ständigen **Umbruch unterworfen** und verliert vielleicht schon morgen **ihre Gültigkeit.** Wir alle sind in der Gesellschaft eingebunden, **ohne sie sind wir alle nichts.**

Aus diesem Grund müssen wir uns immer wieder neu **orientieren,** neues Wissen aneignen, um ständig auf dem neuesten Stand zu sein. Wir müssen lernen, die Welt, in der wir leben, als Ganzes zu sehen. Dazu braucht es auch unser spirituelles Denken. **Spirituelles Denken heißt, im Geist die Tiefen des Lebens zu suchen wie zu finden.** Spirituelles Denken heißt, in Zwiesprache mit der eigenen Seele zu stehen. Nur so ist es möglich, **das eigene Ich kennenzulernen,** das eigene Sein zu analysieren, zu hinterfragen, sollte für uns alle das **Allerwichtigste** sein.

Unserem täglichen Dasein einen zuerkannten Wert zuzugestehen, einen Wert, der unseren Geist wie unsere Seele vereint und glücklich macht. **Uns selbst und alle, die wir lieben, glücklich zu sehen, ist das höchste Gut, das wir unserem Leben abverlangen können.** Dieses Glücklichsein sollte nicht auf Kosten anderer zustande kommen, es sollte unser alleiniger Verdienst sein, **ein Verdienst, den wir uns erarbeitet haben.** Nur so sind wir imstande, **dem Glück einen angemessenen Wert zu geben.** Denken Sie einmal nach: Je mehr wir Menschen besitzen, so viel mehr Angst müssen wir haben, etwas zu verlieren.

Das Schlimmste am Ganzen ist: Je mehr Menschen besitzen, desto weniger können sie sich über ihren Besitz freuen.

**Der Alltag hat uns spätestens dann eingeholt, wenn wir unseren Besitz verteidigen müssen. Jede Verteidigung nimmt uns ein Stück von unserem positiven Leben.**

**Es stiehlt uns ein Stück von unserem Glück zur Leichtigkeit zum Leben, weil sich die Angst in uns eingeseelt hat.** Hinzu haben wir auch eine große Verantwortung zu tragen, wir müssen Umsatz und Gewinn im Lot halten, ansonsten können unser **Unternehmen, unsere Familie** unter Umständen in den Bankrott gehen. Hier gibt es keinen Unterschied, ob Familie oder ein geschäftliches Unternehmen, beides ist eine Firma. **Das Einkommen wie der erforderliche Ertrag müssen stimmen.**

**Mit unserer Anhäufung haben wir uns eine große Bürde aufgeladen,** Angestellte und deren Familien wie unsere Familie wären dann die Leidtragenden. **Ein Teufelskreis beginnt:** Die Gegenwart wird immer mehr zu einer Belastung, die Belastung zu einer Selbstverständlichkeit. **So wird die Bürde, die sich jeder Einzelne aufgeladen hat, immer schwerer.** Die Selbstverständlichkeit eliminiert Gefühlsbewegungen und zerstört Hinterfragungen, wenn es um Menschen geht. **Wo keine Gefühle mehr vorhanden sind, verlieren Menschen an Wert.**

Menschen werden zu Robotern, viele von uns haben **solche Roboter** schon gesehen. **Maskenhaft und starr bewegen sie sich im Betrieb wie auf den Straßen,** nichts Menschliches ist ihnen mehr anzusehen, außer dass sie wie Menschen aussehen. **Die Wichtigkeit ihrer Oberflächlichkeit** hat von diesen Menschen Besitz ergriffen, sie bewegen sich jetzt im Tunnel ihrer Aufgaben, die sie sich einverleibt haben. Diese Menschen werden oberflächlich und **Oberflächlichkeit ist, stets nur das Nächstliegende zu sehen!**

Diese Menschen haben **den wahren Wert ihres Seins,** ihres dargebotenen Lebens aus den Augen verloren. Diese Menschen haben vergessen, dass der wahre Wert eines Menschen sich immer im Denken und Verhalten jedes Einzelnen offenbart. Das Bewusstsein, das wir daraus entnehmen, ist die Quelle unserer Kraft. **Weniger Gewichte heißt mehr Kraft zum Leben, mehr Energie, mehr Elan, mehr Freude, das ist es, was unser Leben ausmacht und braucht.**

Darum gilt es, diese **psychischen Gewichte,** die uns hemmen und eingrenzen, **abzubauen.** Gewichte, die unser Bewusstsein immer wieder **negativ** beeinflussen.

Wir müssen darangehen, unser inneres Wertdenken zu verändern, dass sehr oft nur auf **materielle Substanz** und oberflächliches Denken ausgerichtet ist. **Jeder von uns sollte diese Gewichte abbauen, jeder von uns hat Gewichte.** Auch wenn keiner die gleichen Gewichte trägt wie der andere, so hat doch jeder von uns Gewichte, die es abzubauen gilt, es gilt, die Leichtigkeit zum Leben zu finden. **Gewichte, die aus materieller Substanz und geistigen Vorstellungen bestehen.** Diese Doktrin, die andere Menschen und wir selbst uns auferlegt haben, bereitet mit der Zeit große Schmerzen.

Auch hier hätte ich wieder eine Frage, die ich euch allen stellen will! Warum drängen wir so sehr nach materiellen Anhäufungen?

**Warum haben Sie Ihre Garderobe mit Kleidern überfüllt?**
**Warum haben Sie den Schuhschrank mit Schuhen überfüllt?**
**Warum müssen Sie alle paar Jahre ein neues Auto kaufen?**
**Warum muss bei Ihnen immer wieder etwas Neues anschafft werden?**
**Warum fällt es Ihnen so schwer, sich von materiellen Dingen zu lösen?**
**Warum haben Sie immer wieder neue Kaufvorstellungen?**
**Warum sind Sie nicht mit dem zufrieden, was Sie haben?**

**Warum wurde Ihre Kaufsucht zur Gewohnheit, oder wurde Ihre Gewohnheit zu ihrer Kaufsucht?** Das ist eine Frage, die sich jeder für sich selbst stellen muss. Wenn Sie gesund sind, dazu ein **annehmliches** Leben führen, haben Sie da nicht schon genug **Grund, zufrieden zu sein?** Hätten Sie da nicht genug Zeit, sich mit Ihren **Gedanken** auseinanderzusetzen? Ginge es Ihnen nicht besser, wenn Sie sich eine **neue bescheidenere Lebensphilosophie aneignen würden,** die Ihrer **momentanen** Situation angepasst wäre? Ihr Kleiderschrank ist überfüllt, Sie wollen ihn nicht entleeren. Ihr Schuhschrank ist überfüllt, Sie wollen keine Schuhe fortwerfen, und, und, und, und, zum x-ten Male und. **Das alles sind nur Anhäufungen von Gewichten!**

a) **Die materiellen sowie b) unser geistig bezogenes Wunschdenken** Vieles sind nur Gewichte, die unser Zusammenleben mit unserem Partner, mit der Familie, Freunden und Arbeitskollegen erschweren. Alles sind Gewichte, Gewichte, Gewichte. Es ist die Gier nach mehr, die uns Menschen zum Kaufen zwingt.

b) Von zu vielen Gewichten sollten Sie sich lösen, **zu viele Gewichte beugen Ihren Rücken,** machen Ihre Beine schwer und lassen Ihr Lächeln zu einer Grimasse erstarren!

**Sehen Sie doch einmal hinaus auf die Straßen der Stadt,** und sehen Sie sich diese Menschen einmal an. Ich bin überzeugt, Sie erkennen Menschen, die **Gewichte** mit sich herumschleppen, sofort. Bei diesen Menschen können Sie wohl erkennen, dass sich ihre Körper bewegen, aber Sie werden mit Schrecken feststellen, dass diese Körper ohne inneres Leben sind. **Diese Menschen bewegen sich durch die Straßen, werden von Automatismen geleitet und haben alles Charismatische verloren, ohne es selbst wahrzunehmen.**

**Nun sind Sie dabei, derselbe zu werden oder sind es schon.** Solange wir selbst nicht in uns hineinsehen, sind wir ohne Selbstzweifel, nun aber wird es Zeit, in den **Spiegel zu blicken.** Unsere Ausstrahlung ist doch das, was uns von den Untoten unterscheidet, diese Ausstrahlung, **diese Lebenskraft darf keiner von uns verlieren.** Solche Menschen sind begehrt und von allen anerkannt, schon allein **ihr Charisma** macht diese Menschen zu etwas Besonderem.

**Leben heißt:**

- **Befreit sein**
- **Zufrieden sein**
- **Glücklich sein**

Ohne große Lasten zu leben, sollte das Ziel aller sein. **Lösen Sie sich von Ihrem Gewicht, es sind ja nur Gedanken, die Sie umpolen müssen. Klammern Sie sich bei Ihren Lebensvorstellungen nicht zu sehr an materiellen Dingen fest: Die Demut zum Leben ist ein sehr großes Gut, vielleicht sogar das allergrößte, das unser Menschsein beinhaltet.**

Freuen Sie sich über Ihren Geist und die Beweglichkeit, die er in Ihnen bewegt. Lassen Sie sich von ihrem Geist forttragen in eine Welt, **wo die Leichtigkeit** lebt und erleben Sie dieses Forttragen als etwas ganz Besonderes. **Denn die Leichtigkeit zu leben, liegt in der Einfachheit des Seins.**

Versperren Sie sich nicht und wehren Sie sich nicht gegen das Neue! Lernen Sie bewusst, ihre **Automatismen abzulegen,** um Neues kennenzulernen, um neuen Lebensfreuden entgegenzugehen, diese zu respektieren und anzunehmen.

Lösen Sie sich von Ihren Gewichten und geben Sie Ihrem Geist jene Leichtigkeit, die er braucht. **Geben Sie Ihrem Leben diese Chance!** Lachen Sie in die Welt, sie lacht zu Ihnen zurück, vielleicht nicht immer, aber ganz bestimmt immer mehr. **Nur schon ein Lächeln erhellt den Tag.**

Sie können ein Teil dieser Sonne sein, die anderen Menschen Tage erhellt **und wenn Sie ein Teil der Sonne sind, dann strahlen Sie nicht nur Energie aus, dann sind Sie Energie und beeinflussen alle Menschen im positiven Sinne.** Menschen, die gerne und viel lachen, ziehen stets Anziehung auf andere Menschen aus. Solche Menschen sind umschwärmt und werden außer von Neidern von allen geliebt. Auch Sie können einer dieser Menschen werden, einer dieser Menschen sein. **Lachen ist lernbar. Sollten Sie jedoch einer von den Menschen sein, die nicht gerne lachen, dann lernen Sie es.**

Vergessen Sie nicht, Lachen ist lernbar, Freude am Leben zu zeigen und es nach außen zu tragen, ist lernbar! **Warum müssen wir die Freuden des Lebens zeigen?** Ganz einfach, weil man Freude nicht verstecken darf, weil alle Menschen an unserer Freude teilhaben sollten, weil geteilte Freude eine vielfach vermehrte Freude nach sich zieht. Damit auch die, die nicht zu uns gehören, diese Freude miterleben können, um Kraft daraus zu schöpfen.

**Hinzu kommt: Lachen ist das Allerschönste, das Menschen anderen Menschen geben können.** Darum müssen Sie versuchen, Ihr Lachen aus den Tiefen Ihres Herzens zu holen. Versuchen Sie, Ihr Lachen so zu gestalten, dass Ihr Lachen frei und ungezwungen erscheint. Dieses Lachen oder Lächeln muss der Echtheit Ihrer Gefühle entsprechen, nur dann werden Sie auch wahrgenommen. Um das zu erreichen, müssen Sie lernen, sich zu befreien, Ihr ganzes Denken muss sich Ihrem Seelenwohl unterordnen. **Ihr geistiges Denken muss sich mit den Gefühlen Ihrer Seele verschmelzen.**

**Die Einheit, die daraus entsteht, wird zur Zufriedenheit und Ausgeglichenheit Ihres Lebens.** Solange diese Hierarchie nicht geordnet ist, werden Sie Ihre Leichtigkeit zu Ihrem Leben nicht verändern können und in Gefangenschaft Ihrer eigenen Person weiterleben. **Befreien Sie sich und** lernen Sie loszulassen, je weniger Sie an etwas festhalten, so vieles leichter wird es Ihnen ergehen.

**Zwingen Sie nie jemandem Ihre Gedanken auf,** lassen aber auch Sie sich von niemandem etwas aufzwingen. Lassen Sie andere frei, nur dann haben Sie sich auch selbst befreit.

**Vergessen Sie niemals, dass alles, was Sie machen möchten, lernbar ist** und beachten Sie dabei die Regeln, die das Leben schreibt, die Ihr Leben schreibt! **Toleranz bedeutet, mit der Eigenart des anderen zu leben!** Seien Sie in Ihrem Leben niemals missgünstig, gönnen Sie allen Menschen ihr Hab und Gut, dann wird es auch Ihnen an nichts fehlen.

Vergessen Sie nicht: Wenn es allen gut geht, dann geht es auch Ihnen gut. Das Leben ist stets ein Geben und Nehmen, Einseitiges funktioniert nicht! **Seien Sie niemals kleinlich, nur wer selbst Größe besitzt, kann des anderen Menschen Größe erkennen.** Anerkennung bringt Gleichwert und Sympathie anderer entgegen. Vergessen Sie auch nicht, dass Sie etwas ganz Besonderes sind, keiner ist wie Sie, wie auch Sie nie jemand anders sein werden. **Zweifeln Sie nie über sich selbst, wenn Sie wissen, dass Sie Ihr Bestes geben, mehr als das Beste zu geben kann niemand auf dieser Welt. Aber Hinterfragen Sie sich auch, wenn Sie einmal nicht bereit sind, alles zu geben.** Bleiben Sie selbstkritisch und analysieren Sie Ihr stetes Tun.

Sie werden Ihre eigenen Fehler stets als Erster erkennen, außer Sie belügen sich selbst. Vergessen Sie nicht, wenn sich die Gelegenheit bietet, über sich selbst zu lachen. **Ärgern Sie sich nicht zu stark, wenn es einmal nicht so geht,** wie Sie es gerne möchten und denken Sie daran: Das Leben bereitet für uns Wege, auf diesen wir zu laufen bestimmt sind! **Nicht wir bestimmen über das Leben,** sondern das Leben bestimmt über uns. Was aber auch nicht heißen soll, dass wir alles dem Schicksal und dem lieben Gott überlassen sollen.

Lassen Sie sich nicht einschüchtern von anderen, lassen Sie sich aber auch nicht blenden von etwas, das nicht real ist. **Denken Sie daran, dass Sie stark sind und hören Sie auf Ihre innere Stimme.** Hier muss Ihr Verstand die größte Verantwortung übernehmen. Vergessen Sie auch niemals, Ihre menschliche Wärme miteinzubringen. Seien Sie nicht ängstlich, die Angst ist ein schlechter Ratgeber, da sie viele Wege verbaut.

Stehen Sie zu Ihren Fehlern, wenn Sie welche gemacht haben! Es ist ja **keine Schande, Fehler zu machen,** doch es wäre eine **Schande, Fehler nicht zuzugeben. Vergessen wir nicht,** Mensch sein besteht nicht darin, keine Fehler zu machen, sondern, seine Fehler zu reduzieren und zuzugeben. **Nur damit beweisen Sie Ihre wahre Größe und Stärke.** Mit dem Zugeben von Fehlern beweisen Sie Ihre Stärke anderen gegenüber.

**Gegenüber Vorgesetzten, gegenüber Untergebenen, gegenüber der Familie, gegenüber Freunden.** Geben Sie dabei zu erkennen, dass es durchaus menschlich ist, Fehler zu machen, dass es aber auch durchaus normal ist, Fehler machen zu dürfen. Um Anerkennung zu erringen, müssen wir zuallererst lernen, eigene

Fehler einzugestehen. In diesem Moment geben wir unseren guten Charakter wie unsere menschliche Stärke zu erkennen.

- **Damit zeigen wir allen Menschen, dass wir keine Angst haben**
- **Dass wir zu unseren Fehlern stehen können**
- **Dass wir belastbar sind**
- **Dass wir stark sind**

**Dass wir uns nicht vor unseren Fehlern fürchten und dass Fehler durchaus menschlich und normal sind.** Mensch sein heißt, keinen Unmenschen oder Übermenschen darzustellen. Mensch sein heißt, zu lernen, eigene Fehler zu sehen. Je besser Sie es erlernen, so viel besser werden Sie lernen, andere Menschen zu verstehen, zu verzeihen, zu respektieren und anzuerkennen. **Anerkennung bringt stets Gleichwert und Sympathie anderer entgegen.**

Laufen und gehen Sie stets mit erhobenem Haupt, **eine gute starke Haltung zeigt einen starken Charakter mit großer Selbstsicherheit,** zeigt Menschen mit großer innerer Kraft und gibt diesen Menschen eine besondere Ausstrahlung. Auch zeigt eine solche Haltung Stärke, Selbstbewusstsein und Belastbarkeit. Dieses **Selbstbewusstsein** brauchen Sie, um dieses **Selbstbewusstsein** zu erreichen, müssen Sie mit Ihrem Geist arbeiten, benutzen Sie dazu Ihre positiven Gedanken.

**Sie müssen sich immer bewusst sein, dass Ihr nächster Arbeitgeber, der Sie anstellt, am liebsten einen starken, selbstbewussten, belastbaren, charismatischen, aufgestellten, fröhlichen Mitarbeiter sucht.** Arbeiten Sie an diesen Stärken. Fangen Sie heute damit an, dann wartet Ihre nächste Anstellung schon auf Sie.

Auch wenn Sie schon arbeitslos sind oder es werden, haben Sie keinen Grund, die Freuden des Lebens nicht zu genießen. **Sie haben keinen Grund dazu, Trübsal zu blasen, um dabei Ihre Persönlichkeit mit negativen Gedanken zu verändern.** Bleiben Sie trotz allem lustig und froh! Wir wissen alle, dass nach jedem Tief wieder ein Hoch kommt.

**Es ist der Rhythmus des Lebens, dieser ist nur zum Teil beeinflussbar.** Es ist eben, wie es ist, Sie müssen nur die richtigen Schwimmbewegungen in Ihrem Lebensfluss machen, dann werden Sie nie untergehen. Sie werden immer obenauf schwimmen, wenn Sie genug Energie aufbringen, danach werden Sie jedes Ufer **erreichen. Ein Neubeginn ist angesagt – Ihr Neubeginn!**

Endlich hat jeder die Möglichkeit, etwas Neues anzufangen. Ja, greift zu, greift alle zu und fangt etwas Neues an, nützt diese Gelegenheit und geht dieser Gelegenheit mit Freude entgegen. **Nur dann hat eure Zukunft eine Chance!** Endlich kann sich Ihr Geist wie Ihre Seele neu entfalten, denn jetzt haben Geist und Seele wieder Platz zum Atmen, Platz zum Leben. Nun hat Ihr Geist den Platz, den er braucht, um neue Horizonte zu erklimmen. **Euer Herz sollte und müsste jubilieren, ja, eigentlich sollte es schreien vor Glück, es gibt so viel Grund, sich zu freuen.**

Sagt es euch jeden Tag selbst: **Ich freue mich, ich freue mich, suggerieren Sie sich diese drei Sätze ein.** Ich habe die Chance, meinen geistigen Horizont zu **erweitern. Endlich hat mich das Leben aus dem Alltag, der kaum mehr zu ertragen war, herausgelöst. Ich bin frei,** ich werde mir neue Ziele setzen und ich werde diese Ziele erreichen. Sagt es euch, bis ihr daran glaubt und ihr mit Überzeugung die Freude in euch spürt. Wir freuen uns nicht, dass wir arbeitslos sind, wir freuen uns, dass wir die Möglichkeit haben, **unser Leben zu verändern,** unser Leben neu zu gestalten und etwas Neues anzufangen. Jetzt haben wir die Möglichkeit, uns **neue Ziele zu setzen,** Ziele, die unser Leben neu bereichern werden.

Endlich sind wir heraus aus dem Alltagstrott, der uns fast den Atem nahm, an dem wir viele Mal zu ersticken glaubten. Jetzt haben wir die Möglichkeit, unserem Leben einen neuen Sinn zu geben. Wir verändern unsere Welt, **wir verändern die Welt hin zu einer Welt, in der wir uns wohl fühlen,** in der wir glücklich sind, in der unser Geist glücklich ist und in der wir unsere Familie und Freunde glücklich machen können.

**Wir freuen uns darauf, etwas Neues zu lernen,** in dieser neuen Welt haben unsere Visionen und Phantasien Platz, hier gehen wir einem neuen Horizont entgegen. Später freuen wir uns auf die Arbeit, die uns angeboten wird. Das Wichtigste ist nicht, welche Arbeit es ist, **das Wichtigste ist, wie wir uns mit dieser Arbeit identifizieren und dass diese Identifikation stets mit positiven Gedanken verbunden ist.**

Wir haben uns verändert, darum können wir einen Neuanfang wagen, wir können die Leiter des beruflichen Erfolges neu erklimmen. Diese Erfolgsleiter haben wir mit einer neuen **beruflichen Ausrichtung** erstellt, jetzt wollen wir unsere **Visionsleiter** in Angriff nehmen. Es ist eine neue Herausforderung, diese Herausforderung nehmen wir gerne an. Sagen Sie dazu nicht nein! Wagen sie es, **nur wer etwas wagt, kann auch gewinnen.** Nehmen Sie diese Herausforderung an, Sie können nur gewinnen, **Vorurteile und Ängste dürfen in unserem Denken keinen Platz mehr einnehmen.** Wir lassen unsere Gedanken mit Vorurteilen und Ängsten nicht mehr konfrontieren.

**Vorurteile sind Ängste vor persönlichen Niederlagen, die darauf ausgerichtet sind, unseren Erfolg zu erschweren.** Negative Aussagen anderer haben für uns an **Wichtigkeit verloren.** Wir sind offen und aufnahmewillig für alles Neue und Positive, das unseren Weg kreuzt. Es ist wichtig, dass wir das **Neue auf uns zukommen lassen.** Diese positiven Gedanken werden sich positiv auf unsere neue Zukunft auswirken, wie sonst wollen wir erfahren, ob wir unser Ziel erreichen?

a) **Mit einer positiven Einstellung wird jeder schneller eine Arbeit erhalten.**

b) **Mit einer positiven Einstellung wird jeder seine neue Arbeit schneller erlernen.**

c) **Mit einer positiven Einstellung wird jeder seine Arbeit besser und effizienter ausführen.**

d) **Mit einer positiven Einstellung wird jeder mehr Kreativität in seine Arbeit einfließen lassen können.**

Das Wichtigste ist, mit viel Freude an den Arbeitsplatz zu gehen. Menschliche Wärme, Güte und Verständnis offen darzulegen, dann werden Sie eine Ernte einfahren, die Sie nie für möglich gehalten hätten.

**Nur derjenige, der seine Schwächen erkennt, kann sie auch eliminieren und zu neuen Stärken hinführen.** Stellen Sie sich vor, Sie sind ein Tennisspieler und haben eine schwache Rückhand. Nun trainieren Sie diese jeden Tag, monatelang und auf einmal werden Sie erkennen, wie stark Ihre Rückhand geworden ist. Sie haben **die Schwächen** der Rückhand eliminiert. **Vielleicht ist sie sogar stärker geworden** als Ihre Vorhand. Wenn das passieren sollte, haben Sie einen Fehler gemacht: Sie haben Ihre **Stärken** vernachlässigt.

Das aber sollte nicht passieren, ansonsten werden Sie wieder zum **Mittelmaß**. Sie aber wollen **besser** werden, Sie **müssen** besser sein, wenn Sie in den Arbeitsmarkt eintreten wollen. Arbeiten Sie an Ihren **Schwächen**, eliminieren Sie diese und **vernachlässigen** Sie dabei nie Ihre wahren **Stärken**. Lassen Sie sich von anderen Menschen nicht beirren, bauen Sie auf Ihre **eigenen Stärken**.

**Nur Sie** kennen Ihre wahren Stärken und deren Werte. Wenn jemand einem sagt: „Du bist dumm", ist dieser Mensch dann dumm? **Nein: Es gibt keine dummen Menschen, es gibt nur Andersdenkende und Anderswissende.** Zweifeln Sie nie an sich selbst; es gibt wohl viele, die es gut mit Ihnen meinen, doch was für Sie gut ist, dass wissen nur Sie ganz alleine.

**Folgendes müssen wir uns immer wieder einprägen!**

- **In mir sind keine Vorurteile!**
- **Ich kann Absagen verkraften!**
- **Ich bin stark!**
- **Ich finde eine Arbeitsstelle, weil ich sie finden will!**
- **Weil ich alles daransetze, werde ich eine gute Arbeitsstelle finden!**
- **Ich arbeite jeden Tag an meiner Weiterbildung und vergesse dabei nicht, dass Weiterbildung nie aufhört.**

Ich bin nicht unglücklich, noch keine Arbeitsstelle zu haben, ich bin glücklich, mich weiterbilden zu können, um meine **Arbeitsmarktchancen zu erhöhen.** So einfach ist das, wir sind glücklich, weil wir glücklich sein wollen. Wir alle können unser Denkbewusstsein zu diesem Glück hinsteuern.

**Wir haben die Möglichkeit:**

- **Neues zu lernen**
- **Neues aufzunehmen**
- **Unseren Geist zu erweitern**

**Die richtige Aufgabe wartet noch auf uns, wir sind auf der richtigen Spur, unser Ziel zu erreichen, positives Denken hat jetzt unser aller Geist erfasst.** Im Grunde sollten wir uns über Niederlagen des Lebens freuen, sie bereichern unser Dasein und geben unserem geistigen Denken einen neuen tieferen Wert.

**Stellen wir uns ganz einfach die Frage: Wann war unser Leben** am glücklichsten, am einfachsten, am leichtesten?

Hier kommen sicher alle von uns zur gleichen Antwort. Es war die Zeit, als wir noch alle Kinder und Jugendliche waren. **Nun stellt sich die Frage:** Warum haben wir unser Kindsein verloren, warum haben wir dieses Leichte, das doch so angenehm war, **abgegeben?** Wir alle ließen uns erziehen und haben nicht bemerkt, wie wir in eine Gesellschaft eingegliedert wurden, in der das marktwirtschaftliche Denken oberste Priorität hatte.

Wir ließen uns **blenden** von **materiellen** Gütern, wir wussten damals noch nicht, dass **vieles davon** nur Anhäufungen von **Gewichten** sind. Wir ließen uns einreden, wie wertvoll diese materiellen Dinge sind und haben den Wert unseres Seins mit einer **Oberflächlichkeit überdeckt, um uns später selbst als Markenprodukt zu verkaufen.** Wir haben nicht erkannt, wie uns Gewichte angehängt wurden, wir haben nicht einmal bemerkt, wie unser Leben **schwerer** und **schwerer** mit all diesen Gewichten wurde. Viele von uns wurden blind zum alltäglichen Leben. Damals haben sich viele von uns Menschen an die **Gesellschaft verkauft.** Wie war es nur möglich, dass man uns Gewichte anhängen konnte, ohne dass wir es wahrnahmen?

**Diese Frage ist gar nicht so schwer zu beantworten,** wir alle wurden in eine Welt hineingeboren, in der die psychische Vergewaltigung in das tägliche Leben eingebettet ist und wie ein Gesetz gehandhabt wird. Viele von uns haben sich zu wenig dagegen gewehrt, haben sich ihren Willen brechen lassen, um dem Gesetz der Gesellschaft nicht zuwiderzuhandeln. **Vergessen wir nicht, das Damoklesschwert unserer Gesellschaft hängt über jedem von uns.** Anpassen ist angesagt – so verkümmerten unsere individuellen Talente und Werte.

Wir haben uns viel zu wenig um uns selbst gekümmert, unser Seelenleben, unsere Persönlichkeit sind mit der Zeit oberflächlich geworden **und haben sich der Moral der Gesellschaft unterworfen. Das Nächstliegende war für uns einfacher, wir haben unsere anerzogene Moral akzeptiert und bejaht.** Eine Moral, in der es darum ging, anderen zu gefallen, um diesen ja alles recht zu machen.

Wir ließen uns in eine Gesellschaft **eingliedern, ohne uns zu hinterfragen,** ob wir diese Gesellschaft auch annehmen wollen. Eine Gesellschaft, in der das Visuelle und das Materielle **die Macht an sich gerissen haben.** Wir ließen uns von unseren Automatismen leiten, wo unser Denken und Tun schon programmiert waren. Ein Ego, das wir nicht wollten, wurde uns anerzogen, um später von uns großgezogen zu werden.

- **Dieses Ego hat unsere Gedanken unterstützt, ohne unser seelisches Denken zu hinterfragen.**
- **Wir ließen uns von anderen erziehen, so wurde unsere Seele in eine Zwangsjacke gesteckt, aus der es kein Entkommen mehr gab.**
- **Wir verließen die Schwerelosigkeit unseres Kindseins, um die Schwere des Lebens zu erfahren.**
- **Wir verließen unser Kindsein, um erwachsen zu werden.**
- **Wir verließen die Freude und Leichtigkeit unserer Kindheit, um Trauer und Schwermut zu erfahren.**
- **Wir verließen die Unschuld, um schuldig zu werden.**
- **Eine Welt, die uns eine schöne Fata Morgana zu sehen gab, ohne uns wirklich glücklich zu machen.**
- **Wir ließen uns erziehen von einer Welt, die uns verblendete, die uns ihre materiellen Wertmaßstäbe suggestiv einsuggerierte.**
- **Wir wurden blind und taub, wir haben zu einem großen Teil den Kontakt zu unserer Seele verloren.**
- **So bleibt die Frage: Wo und wann haben wir diesen Kontakt verloren?**
- **Wo haben wir die Leichtigkeit unseres Lebens liegen gelassen?**
- **Wo haben wir unsere Verzeihungen gelassen?**
- **Wo haben wir unsere Großzügigkeit gelassen?**
- **Wo haben wir all unsere wirklichen Güter, die unser Leben zum Atmen braucht, verloren und wohin müssen wir suchen gehen, um diese wiederzufinden?**
- **Wo haben wir all das Schwere nur gefunden, das unser Leben so sehr belastet?**

Allen diesen Fragen müssen wir uns stellen, um uns selbst zu befreien, um unser Ich wiederzufinden. Aus diesem Grunde **müssen wir alle Gewichte abladen,** wollen wir die **Leichtigkeit wieder erlangen,** mit der wir vor langer Zeit einmal gelebt haben.

**Dieses Zurückfinden muss unser Ziel sein! Wir müssen zurück in die Zukunft.** Wir müssen hin zu dem Wegkreuz, wo wir unser Kindsein verloren haben. **Eine Zurückerziehung gilt es einzuleiten!** Wir müssen lernen, unseren materiellen Werten diesen surrealen Wert zu nehmen. Zudem müssen wir lernen, nicht alles im Leben immer allzu ernst zu nehmen. **Warum sollen wir weiter unsere Seele belasten mit etwas, das wir zum Besseren verändern können?** Denken wir darüber nach, mit was wir Menschen uns beschäftigen.

Wie gierig wir über gewisse **Zeitungsinhalte herfallen**, wie wir über Fernsehe- und Radio-Nachrichten reagieren. Viele negative Tagesinhalte sind der Realitätsstatus, wir saugen es auf und **werden viele Male betrogen.** Wir alle lassen uns unbewusst suggestiv verändern, weil es die einfachste, **primitivste** Art ist, vermeintliche Wahrheiten oder Wissen zu erfahren, die keinerlei Anstrengung bedarf. Monologe und Diskussionen über das entfernteste China, Afrika oder wo immer es sein mag entstehen, wir sprechen und diskutieren darüber.

Wir lassen uns einer Hirnwäsche unterziehen, **die zum Teil mit Unwahrheiten vollgestopft** ist, ohne es wahrzunehmen. Viele Menschen nehmen alles für bare Münze, obwohl sie nicht wissen, ob es auch stimmt, was geschrieben und gesagt wurde. Das Hinterfragen ist sehr klein geschrieben, **eine große Oberflächlichkeit hat von vielen von uns Besitz ergriffen.**

Es bleibt keine Zeit, mit dem eigenen Ich zu kommunizieren, um sich selbst kennenzulernen, sich selbst zu hinterfragen, hat sich weit in den Hintergrund gedrängt. **Vergessen wir nicht: Ohne sich selbst zu kennen, lässt es sich sehr schwer leben.** Wir müssen lernen, in uns Akzeptanz, Toleranz, Respekt, Anerkennung und Demut zu finden. Diese fünf Wörter, wenn sie gelebt werden, bringen jedem Menschen Respekt, Anerkennung und Wohlwollen anderer entgegen. Gepaart mit Ehrlichkeit ist das der Schlüssel zum Erfolg im Leben.

**Ein Beispiel ist der Tod! Viele Menschen kommen nicht darüber hinweg und fragen stets nach dem Warum, Wieso und Weshalb.** Warum tragen viele Menschen das Leid des Todes unendlich lange mit sich herum? Warum haben sie sich dieses Gewicht, das Ihnen der Tod auferlegt hat, nicht abwerfen können? Diese Menschen haben die Kunst des wirklichen Lebens nie richtig verstanden. Man kann die Vergangenheit nicht verändern, das momentane Sein sehr wohl. **Die Leichtigkeit zu leben liegt in der Einfachheit des Seins.**

**Zum anderen:** Die Kunst, glücklich älter zu werden, liegt darin, das junge, das unbeschwerte Sein zu bewahren und aufrechtzuerhalten. **Fröhlichkeit ausstrahlen wie diese auch zu leben, ist angesagt.** Das wiederum hat nichts mit Jahren zu tun, sondern wie jeder von uns seinen Geist **einbringt** und seine Gedanken dazu **steuert.** Sich wenn es sein muss den Gepflogenheiten der Gesellschaft zu widersetzen und bereit zu sein, seine **eigenen Gedanken zu leben.** Hier geht es um das Elementarste unseres Seins, es geht um unsere **Persönlichkeit,** für deren **Erhaltung** nur wir **alleine** zuständig sind.

Wir dürfen nicht zulassen, dass die jeweilige Gesellschaft unser Fundament untergräbt und unterwandert, um es später zum **Einsturz** zu bringen. Wir müssen unseren **Geist** dazu benutzen, unsere **Gedanken** mit unseren **Gefühlen** zu vereinen, um in uns ein Wohlgefühl zu erwirken, das uns im größten Sturm immer noch eine Sonne zeigt, die **hell erleuchtet** über uns allen scheint. Hat nicht mancher von euch schon mal das Hochgefühl erlebt, dass die ganze Welt ihm gehöre?

**Habt ihr dieses Gefühl nicht auch schon hinausgeschrien?** Und hattet ihr dabei nicht das Gefühl, dass die ganze Welt für einen kurzen Moment nur euch gehört? Ich habe es viele Male erlebt, **gerne denke ich daran zurück,** da es in mir wunderschöne Erinnerungen weckt und mir die Leichtigkeit des Lebens immer wieder in **Erinnerung bringt und ich im Stande bin, diese Lebensfreude auch heute noch zu leben.**

Dieses Gefühl hat nichts **mit Alter zu tun,** das Gefühl der Leichtigkeit, der Unbeschwertheit wie die Schönheiten des Lebens zu sehen und diese im höchsten Maße **auszuleben und zu genießen,** ist nur möglich, wenn man sich von anhängenden Gewichten und einer vorgeschriebenen Gesellschaftsetikette lösen kann.

**Wenn man diese Gewichte eliminieren kann,** ist es fast wie damals, als man noch Kind war. Erst danach kann man sagen: **Ich bin frei** und lebe die Leichtigkeit meines **Seins.** Sich selbst zu **befreien** sollte der wahre **Grund unseres Lebens** sein. Unserem Geist diese Freiheit zu schenken, ist die wertvollste Tat, die wir uns selbst schenken können. **Jeder kann lernen, neu zu sehen, neu zu leben!**

Denken Sie **suggestiv positiv** und suggerieren Sie sich diese Gedanken immer wieder neu ein, Ihr Bewusstsein verändert sich. **Das Allerschönste an Ihrer Veränderung ist: Sie sind glücklich.** Endlich können Sie sagen: Ich denke positiv, denke nicht immer nur an Verbote, an vorgeschriebene **Benimmregeln, nein, ich lebe die Leichtigkeit meines Seins.** Mit meinem positiven Denken habe ich meine Persönlichkeit, mein Leben wieder neu entdeckt! Ich habe mich zurückentwickelt und dabei mein Kind-Gefühl von einst, **diese geistige Freiheit wiederentdeckt.**

**Mein Geist hat meine Seele gefunden und meinen Gedanken einen anderen Weg gezeigt.** Etwas Schöneres kann einem im Leben nicht passieren, es ist ein Reichtum, der mit keinem materiellen Wert der Welt aufgewogen werden kann. Für mich war es die größte geistige Entwicklung, die je in meinem Leben stattgefunden hat, ich habe mich aus den Zwängen befreit.

**Ich habe die Leichtigkeit meiner Kindheit wiedergefunden und habe sie bis heute nicht verloren!** Jeder von euch sollte ebenfalls versuchen, seine Kindheit wiederzufinden, weil jeder von uns dieses losgelöste Glück braucht! Seien wir froh, seien wir in unserem Herzen wieder Kinder, die **lachen und fröhlich** sind und die Welt als Sonne betrachten, die sie wärmt. Erwachsene glauben, so wissend zu sein, **nur sind sie es wirklich?** Vielen von uns würde es guttun, die Welt mit Kinderaugen zu sehen. Die Kinder haben zwar nicht so viel erlebt, dafür sehen sie unsere Welt auch nicht als graues düsteres Bild. **Sie alle haben sich noch nicht das Schwere des Lebens aufgeladen, darum haben Kinder eine viel höhere Gefühlsintelligenz als Erwachsene.**

Je älter sie werden, verlieren auch sie immer mehr davon, weil sie sich einordnen in die Erwachsenenwelt, die sie großzieht. **Ein Beispiel, das ich selbst erlebt habe:** Die Katze einer Familie wird überfahren, beim Nachhausegehen sehen Mutter und Kind, dass ihre Katze tot am Straßenrand liegt. **Die Mutter ist unendlich traurig und fängt an zu weinen. Was macht das siebenjährige Kind?** Es geht zur Mutter, nimmt diese um den Hals und tröstet sie. „Musst nicht traurig sein", Mami, sagte die Kleine, „Abulie ist tot, aber wir kaufen ein neues Abulie, dann haben wir wieder eine Katze."

So reagieren Kinder, wenn sie nicht von älteren Menschen beeinflusst werden. **Passiertes** kann man nicht rückgängig machen, es muss auf natürliche Art angenommen und verarbeitet werden. **Der Gegenwart muss immer ein Platz zur Neuentfaltung gegeben sein.**

Unnötige Belastungen anzunehmen oder nicht anzunehmen sind Lebensange-wohnheiten, die wir uns erst über Jahre hinweg angeeignet haben. Des Menschen soziales Bedürfnis ist nicht auf Schweres ausgerichtet, die Kinder sind der Beweis. **Je leichter wir leben, desto viel schöner lässt es sich leben,** so viel mehr können wir lachen, können wir glücklich sein. In solchen Momenten tragen wir die Seele nach außen, damit sie die Leichtigkeit des menschlichen **Verhaltens widerspiegelt.**

Wenn man mit älteren Menschen spricht und sie von den Schönheiten ihres Lebens erzählen, sprechen die meisten von ihnen von der Zeit, als sie noch jung waren. **Das wiederum ist der Beweis,** als junger Mensch konnten all diese Menschen ohne Gewichte leben, diese Zeit lassen ältere Menschen immer wieder **neu aufleben.**

In ihrem Geiste erleben sie die **Sorglosigkeit** ihres früheren Lebens immer wie-der aufs Neue, diese Erneuerung erleichtert ihr jetziges Sein und gibt ihnen **Kraft und Freude zum Älterwerden.** Es ist leicht zu begreifen, denn es war die schönste und leichteste Zeit ihres Lebens. Darum sprechen und leben diese Men-schen so gerne ihre Jugend noch einmal. **Wollen auch Sie Ihr Leben leichter gestalten, dann sollten Sie eine Zurückerziehung hin zum geistigen Kinde, zur Leichtigkeit Ihrer Jugend,** die Sie einmal besaßen, einleiten, um Ihre Leich-tigkeit zum Leben wieder neu zu finden. Wir müssen uns frei machen von trüben Gedanken, die unser und das unserer Mitmenschen Leben erschwert.

**Wir müssen die Leichtigkeit zu unserem Leben wiederfinden.** Wir müssen die Sonne aus unserem Herzen holen, um mit ihren Strahlen anderer Menschen Herzen zu erwärmen. Wenn Sie es fertig bringen, dass Ihre Strahlen **andere Menschen erreichen,** dann werden es Ihnen diese Menschen ebenso mit ihrer positiven Energie danken und geben Ihnen ihre positive Energie, die Sie ausge-sendet haben, **um das x-Fache** wieder zurück.

Damit, liebe Menschen, lässt es sich sehr gut leben. **Sie werden Ihren persön-lichen Wert in Höhen finden, wo Intelligenz, Toleranz, Sanftmut, Ehrlich-keit, Liebe und Menschlichkeit zuhause sind.** Diese Werte findet man nicht an der Oberflächlichkeit, sondern nur in den Tiefen der menschlichen Seele. Vergessen Sie nie, **Ihre positive menschliche Einstellung zu übertragen** auf alle anderen Menschen. Achten Sie darauf, dass Ihr positives Denken, das Sie zu übertragen gedenken, echt ist, ansonsten belügen Sie sich selbst.

**Wir können die Welt nur verändern, indem wir uns verändern.** Der Anfang, unsere Welt zu verändern, liegt immer bei uns, aber nur dann, wenn wir ein Ziel vor Augen haben.

**Nur das Ziel kann der Weg sein.**

- **Dieses Ziel gilt es zu erreichen**
- **Dieses Ziel müssen wir immer vor uns sehen**
- **Dieses Ziel dürfen wir niemals aus den Augen verlieren**
- **Für dieses Ziel müssen wir auch bereit sein zu kämpfen**
- **Und es darf nur ein Ziel sein, ansonsten finden wir nicht den Weg in die Zukunft, da zu viele Wege uns nur in die Irre führen.**

Für dieses Ziel wollen wir auch gegen **unsere Feinde, die in uns sind, kämpfen, wir** wollen gewappnet sein, **um uns nicht übertölpeln zu lassen.**

Diese Feinde sind Annehmlichkeiten, die sich als Bremsklötze in uns festgesetzt haben, um die Erreichung unserer Ziele zu verhindern. **Feinde, die manchmal so stark sind,** dass wir unser Ziel, das wir uns gesteckt haben, aus den Augen verlieren. Für diese Feinde müssen wir geistig vorbereitet sein. Wir müssen lernen, **Selbstkontrolle** auszuüben, wir müssen auch lernen, **den inneren Alarm** zu hören und ihn richtig zu deuten. Aus diesem Grund müssen wir lernen, Ängste abzubauen, um unsere wahren Stärken zu finden, die uns das Leben erleichtern.

**Diese Stärken sind:**

> **Der Glaube an sich selbst und die eigene Stärke**
> **Die Hingabe und der Wille zum positiven Denken**
> **Die Hoffnung in die Zukunft nie zu verlieren**
> **Die Schmerzen und das Leid an Vergangenes vergessen**
> **Die Freuden zum Leben suchen, um es zu finden**

Haben Sie schon einmal darüber nachgedacht, dass, zusammenfassend, dies unsere größten Stärken sind? Dass diese **fünf kleinen Leben** unser großes Leben beherrschen, sie uns hinführen zu einem besseren Sein?

Wenn nicht, nehmen Sie sich Zeit und denken Sie über diese fünf Stärken des Lebens nach. **Analysieren wir doch diese fünf kleinen Leben: der Glaube!** Wenn man das alte Sprichwort nimmt und sagt „Ein Glaube kann Berge versetzen", dann ist es bildlich **gesehen die Wahrheit.** Was ein Glaube aus- und anrichten kann, haben Menschen überall auf der Welt in jedem Zeitalter immer **wieder aufs Neue bewiesen.** Von Kriegen bis hin zur Versöhnung oder von der Armut zum Reichtum, zu Erfindungen und vielem mehr. Genau das können auch Sie erreichen, wenn Sie an Ihr Ziel glauben.

**Die Liebe!** Liebe kennt keine Grenzen, Liebe ist mächtig, **Liebe bringt Stärke,** Liebe ist der größte **Reichtum aller Menschen,** sie lässt in aller Seelen jeden materiellen Reichtum vergessen, da in der Liebe die Menschlichkeit geboren wird. Die Demut, Schmerz und Freuden in einem Gesamtbild erfasst, das nicht größer sein könnte. **Liebe ist der Schlüssel** zum positiven Denken. Sie ist die größte Stärke hin zum Leben.

**Die Hoffnung!** Die Hoffnung ist das Bindeglied von Gegenwart und Zukunft, in der Hoffnung liegt die Veränderung **hin zum Guten am Leben,** in ihr liegen Veränderungen von Gedanken und Gezeiten. Ihr Ziel soll nicht die Hoffnung alleine sein, ihr Ziel soll die **Umsetzung ihrer Hoffnung in Taten sein. Die Schmerzen!**

Nichts hat uns im Leben **weitergebracht als die Schmerzen,** sie sind die Lehrmeister des Lebens, sie sind die Kompensation zwischen Guten und Bösen, sie sind der Ausgleich des Lebens. **Sie sind die Veränderer,** sind die Mächte der Nacht, die uns zu einem neuen Tag hinführen.

**Die Freuden:** Freuden sind der schönste Ausgleich zum Alltag, sie sind dazu bestimmt, unser Leben in das **Licht der Sonne zu führen,** es zu wärmen. Freuden werden geboren, um unserem Leben Sinn und Richtung zu geben, Freuden sind wie Schmerzen, es sind Wegweiser, die uns darauf hinweisen, Lebensstraßen für unsere **Zukunft zu bauen, um später daran entlangzulaufen.** Sie sind die wahren Baumeister unseres Lebens. Freuden sind aber auch Belohnungen und Vorentlohnungen, **die nicht missbraucht werden dürfen,** da sie sich ansonsten sehr schnell in Schmerz umwandeln können.

**Hingabe zum positiven Denken.** Werden Sie nicht zum ständigen **Besserwisser.** Auch wenn man Recht hat, sollte man **das Recht nicht immer erzwingen,**

vor allem nicht dann, wenn es um persönliche Wahrheiten geht. Es gibt Millionen von persönlichen Wahrheiten, **seien Sie demütig und großzügig mit Worten,** mit einem offenen Lächeln oder einem guten Witz überbrücken Sie viele Schwierigkeiten. Mit positivem Denken werden Sie immer die richtige Wortwahl finden und so den Zugang zu allen Menschen finden.

**Selbstbewusstsein:** Um das eigene Selbstbewusstsein zu stärken, bedingt es einer ehrlichen Selbstanalyse, auch hier sind sechs kleine Leben eingebaut.

> **Wie ist mein persönliches Auftreten gegenüber anderen?**
> **Welches Wissen beinhaltet meine Kommunikation?**
> **Wie treffe ich die richtige Wortwahl?**
> **Worin besteht meine Wissensvielfalt?**
> **Worin besteht meine Leichtigkeit, Menschen für mich zu gewinnen?**
> **Worin liegen meine größten Stärken und Schwächen?**

Seien Sie selbstkritisch und ehrlich zu sich selbst, machen Sie ein Abbild Ihrer **Persönlichkeit** und legen Sie diese Fakten geistig vor sich auf den Tisch, erst danach haben Sie die Möglichkeit, **dazuzulernen.**

Ihre Selbsteinschätzung hat sich vielleicht etwas **negativ für Sie positioniert,** aber Sie haben an **Stärke gewonnen,** da Sie von nun an Ihren Schwächen arbeiten können. Alles andere wäre Überheblichkeit und Sie würden weiter im **Sumpf der Arroganz** herumlaufen und sich Ihr Leben dabei erschweren.

**Diese sechs kleinen Leben sind die Bausteine unseres großen Lebens! Unser Geist ist Ihr Baumeister!** Mit ihm bauen wir ein Haus, unser Haus, ein Haus, wo unser Geist mit unserer Seele in Frieden leben kann. Hin zum Leben, zu unserer Vision vom Leben, es liegt an uns, was wir aus unserem Leben machen! Wir können denken und lenken, **wir sind verantwortlich,** wie wir unser Leben gestalten! **Wir bestimmen über uns!** Wir müssen nur das machen, was wir wirklich wollen! Wir sind stark, wir wollen stark sein und bestimmen über unser momentanes Sein.

**Die Gegenwart sollte stets unser wichtigster Zeitabschnitt sein, weil wir nur in der Gegenwart Veränderungen schaffen können.** Die Zukunft sollte unser zweitwichtigster Zeitabschnitt sein. Natürlich können und werden wir an unserer **Zukunft bauen,** doch ist die Zukunft **nicht vorhersehbar.** Keiner von uns weiß, was morgen sein wird. Verstehen wir es, in dieser Reihenfolge zu leben, dann wird es für uns um vieles leichter sein, mit der Gegenwart und **ihren Situationen fertig zu werden.** Wenn wir so weit sind, haben wir unsere **Zurückerziehung** eingeleitet und wir leben in einer besseren **und glücklicheren Welt.** Fragt man einen arbeitslosen Menschen, was er die ganze Zeit zu tun habe, bekommt man als Antwort:

„Ach, weißt du, ich habe immer sehr viel zu tun und ob du es glaubst oder nicht, ich bin die ganze Zeit beschäftigt und habe wirklich sehr wenig Zeit für mich." **Es gibt sogar arbeitslose Menschen, die behaupten, unter Stress zu stehen, auch das ist vielerorts zu hören.** Solche und ähnliche Antworten bekommt man von arbeitslosen Menschen sehr viel zu hören. Nun stellt sich die Frage, stimmen diese Antworten überhaupt oder sind es bloß gefällige Ausreden?

Ich habe viele dieser Antworten untersucht und bin zu dem Schluss gekommen, dass viele dieser Antworten aus der Sicht von arbeitslosen Menschen vollauf stimmen und sie der Wahrheit entsprechen. **Natürlich ist das Ganze psychisch und persönlich abhängig, der eine macht sich mehr und der andere macht sich weniger Sorgen.** So wie es überall belastbare und weniger belastbare Menschen gibt, doch je länger eine Arbeitslosigkeit anhält, umso **stressanfälliger** werden diese Menschen.

Für Vollbeschäftigte oder Kurzzeitarbeitslose tönt dies paradox, doch die Wahrheit ist nun einmal so und nicht anders. **Wieder einmal habe ich eine Frage, die es zu beantworten gilt. Was ist die Wahrheit?**

Nun, es gibt grundsätzlich zwei Wahrheiten:

a) **Die universelle Wahrheit**
b) **Die persönliche Wahrheit**

**Diese wiederum unterscheiden sich in Bezug auf verschiedenen Glauben und Kulturen.** Jede diese Wahrheiten sind Wahrheiten, die ernst zu nehmen sind, weil sie der persönlichen Wahrheit entsprechen.

So gibt es Millionen von persönlichen Wahrheiten und alle diese Wahrheiten entsprechen der Wahrheit. **Denn Wahrheit ist, wenn sich Geist und Seele zu**

**einem Glauben vereinen.** Wenn es arbeitslose Menschen gibt, die behaupten, dass sie ständig im Stress sind, dann stimmt es. Niemand hat das **Recht, diese Wahrheit anzuzweifeln** oder gar **streitig zu machen.** Stress heißt nichts anderes, als dass der momentane Überblick, die Komplexität des Denkens für kurze Zeit verloren gegangen ist. Ihre Gedanken finden keinen Halt mehr und werden vom Orkan der Hilflosigkeit durcheinandergewirbelt, sodass sich Ihre **Gedanken** nicht mehr frei **koordinieren** und zusammenfassen lassen.

Diese Gedanken haben sich selbstständig gemacht und sich von der Hirnschalt-zentrale losgelöst. **Der Grund hierfür ist:** Ein Vollbeschäftigter lebt einen ge-wohnten Rhythmus, mit einer gleichmäßigen Regelmäßigkeit läuft sein Leben ab, das alles gibt diesen Menschen große Sicherheit. Bei einem **arbeitslosen Menschen** ist das alles ganz anders, er wurde aus seinem täglichen Rhythmus, den er jahrelang ausgelebt hatte, herausgerissen. **Dieser Rhythmus ist nun ge-stört, bei vielen Menschen auch zerstört.**

- **Der Tagesablauf**
- **Das soziale Umfeld**
- **Der Freundeskreis**
- **Die persönlichen Aktivitäten**
- **Der Zahltag**
- **Der persönliche Selbstwert**

Große **Selbstwertzweifel** haben sich in diesen Köpfen eingenistet. Die ganze Sicherheit, gute Freunde wie auch Arbeitskollegen mussten wegen der Arbeits-losigkeit aufgegeben werden. **Das Geld** für das tägliche Zusammensein ist sehr viel weniger geworden und nicht mehr **im gewohnten Maße** vorhanden. Viele Gespräche, die man früher gemeinsam diskutieren konnte, fallen auf einmal weg. Auch mussten sich diese arbeitslosen Menschen einer fremden Umgebung unterwerfen, das soziale Umfeld ist gestört. **Für viele von ihnen zerstört.**

**Ein Vorwurf an diese Menschen darf nicht unterlassen werden!** Viele dieser Menschen ließen sich gehen, sie haben sich zu wenig gegen ihr Schicksal **aufge-bäumt, sich nicht gewehrt!**

Gar viele von ihnen sind den Weg des geringsten Widerstands gegangen! Sie haben es hingenommen und akzeptiert! Statt zu **agieren haben sie nur rea-**

**giert!** Zwischen agieren und reagieren liegen zwei große Welten! Was hätten diese Menschen anders machen sollen! Wenn schon arbeitslos, dann bitte aktiv bleiben.

**Das Allerwichtigste!**

- **Sie hätten sich nicht aus der allgemeinen Gesellschaft zurückziehen dürfen.**
- **Sie hätten Ihre Bekanntschaften weiterhin pflegen und aufrechterhalten müssen.**
- **Sie hätten sich für das Erhalten Ihrer Gesellschaft mehr einsetzen müssen.**
- **Sie hätten Ihren Sportclub sowie Ihr ganzes Umfeld weiterhin aufsuchen sollen.**
- **Sie hätten Ihr Engagement für die Öffentlichkeit vergrößern können.**
- **Sie hätten sich einer humanitären Organisation anschließen können.**
- **Sie hätten sich für öffentliche Arbeiten einsetzen können.**
- **Sie hätten die Möglichkeit, sich für Minderheiten starkzumachen.**
- **Und vieles, vieles mehr!**

Leicht gesagt, schwer getan, diese Menschen schämen sich, arbeitslos zu sein, diese Arbeitslosigkeit hat in ihnen Selbstzweifel gestreut. Sie hätten, sie hätten und sie hätten! **Nur was taten sie? Nichts.** Stattdessen hofften sie darauf, das Problem würde sich von selbst lösen. Es finden sich **unzählige Beispiele, um den** Selbstwert, Beachtungswert, Aushängewert, Menschwert, Lebenswert, **sowie den eigenen Verkaufswert zu steigern.**

Die eigene Person zu **personifizieren,** um diese der Gesellschaft zufließen zu lassen, um sie so auf ihr agierendes Tun aufmerksam zu machen. Es ist nun einmal so, dass nicht die Gesellschaft uns bewegt, sondern wir uns in der Gesellschaft bewegen müssen. **Wir leben in einer Zeit und in einer Welt, in der wir nicht ohne den anderen auskommen können.** Diese Akzeptanz und dieses Wissen sollten wir uns immer vor Augen führen.

Arbeitslose Menschen **sollten sich nicht einkapseln,** um in der Anonymität zu verschwinden, **das Gegenteil muss passieren.**

Sie sollten immer für die Gesellschaft erreichbar und präsent sein. Sie sollten sich nicht in ihrer Umgebung verkriechen, um unsichtbar zu werden. Jeder von ihnen muss für die Gesellschaft sichtbar bleiben, nur so kann man die eigene **Selbstsicherheit** aufrechterhalten. **Stärke** und **Einsatzwillen** immer wieder neu unter Beweis stellen heißt, sich der **Gesellschaft zu stellen. Zuhause die ungewohnte Umgebung!** Auch wenn diese Menschen zuhause in ihrer eigenen Wohnung, bei Ihren Lieben sind, ist trotzdem für sie alles ungewohnt und anders!

Nichts ist mehr, wie es war, der **Tagesablauf** für arbeitslose Menschen ist etwas **Unnützes und Furchtbares.** Ein stresshaftes Zeitgeschehen erfasst diese Menschen, etwas Fremdes, etwas, das sie bisher in dieser Form nicht kannten, kommt auf sie zu. Die angewohnten Automatismen, die ihr bisheriges Leben beherrschten, die ihrem **Leben einen Stellenwert und Anerkennung** gaben, sind verschwunden. Diese Automatismen fehlen an allen Ecken und Enden.

**Angewöhnte Automatismen lassen sich nicht so schnell durch neue ersetzen.** Diese Automatismen finden im Kopf statt, Gedanken, die wie geschmiert liefen, sind auf einmal trockengelegt, **sind jeder Flexibilität abgeneigt,** sind nicht fähig, sich auf die neue Situation einzustellen. Ein Vollbeschäftigter hat immer einen Grund, **Erholungsphasen** einzulegen. Er kann abschalten und sich seiner verdienten Erholung hingeben und genießen. Er kann sich neue Energie zufließen lassen und sich auf den morgigen Tag vorbereiten. **Das alles kann der stellenlose Mensch nicht mehr.**

Mit dem Verlust der Arbeit wurde diesen Menschen **auch ihr Lebensrhythmus** genommen, diese Menschen können nicht einfach abschalten, ihre Gedanken werden zum ständigen Begleiter ihrer Probleme, mit dem sie immer wieder neu konfrontiert werden. Langzeitarbeitslose Menschen haben keine bis sehr kleine Erholungsphasen.

Sie können weder abschalten, geschweige sich aus ihrer **Stresssituation herauslösen, es sind Existenzängste, in denen sie gefangen sind,** die sie nicht mehr loslassen. **Folgende Gedanken drehen sich im ständigen Kreis!** Wann finde ich endlich wieder Arbeit? Wo finde ich endlich wieder eine Arbeit? Welche Arbeit soll ich annehmen? Wie hoch wird mein Lohn sein, wenn ich eine Arbeit finde?

Wie und wann kann ich endlich meine Schulden, die sich immer mehr anhäufen, bezahlen? **Ich will weg von zuhause, ich muss arbeiten, ich muss meine Probleme lösen. Die Einengung ihrer stressgeplagten Gedanken** nimmt sie gefangen. Ich muss meine innere Ruhe finden! Ich will endlich aus dieser Stresssituation heraus, **nichts sonst will ich.**

Diese Gedanken sind es, die diese Menschen ständig begleiten und konfrontieren.

**Existenzängste beherrschen ihr ständiges Sein.** Es ist nicht einfach, ein kleineres Einkommen einzuteilen. **Die Angst vor der Aussteuerung ist diesen Menschen täglich vor Augen. Je länger die Stellenlosigkeit anhält, umso stressgeplagter sind sie.** Viele dieser Menschen verlieren die Kontrolle über ihr derzeitiges Leben, das sie bis anhin so klar im Griff gehabt hatten.

Schulden haben sich angehäuft, **die Umstellung in die Erwerbslosigkeit** war für alle Beteiligten zu groß. Die Fragen, die immer wieder Stress bei den Erwerbslosen auslösen, sind: **Wie soll ich den täglichen Tagesbedarf bezahlen, reicht mein Geld noch aus** und was kann ich beitragen, dass sich nicht noch mehr Schulden anhäufen? Es ist in erster Linie die Abhängigkeit des Geldes, die diese Menschen in Stresssituationen bringt. **Es ist die Angst und die Macht des Geldes, die in uns persönliche Veränderungen bewirken.**

Analysieren wir einmal beides. **Die Angst hinsichtlich des Geldes** ist immer, zu wenig Geld zu besitzen, da die Abhängigkeit von Geldes sich zu einem Teufelskreis zusammenschließt. Man denkt, ohne Geld geht es nicht und ohne Geld ist man ein Niemand. **Leider ist das die bittere Wahrheit.** Das Leben kostet Geld, Tag für Tag brauchen wir Geld, um uns durchs Leben zu füttern. So sehr viel wichtiger wird es für jeden stellenlosen Menschen, eine neue Stelle zu finden.

**Um diese Stelle zu finden,** müssen wir unsere Stärken verkaufen und anbieten. Wir verkaufen die Dienstleistung **unserer Person, unseres Könnens, wie unseres Wirkens und Wissens.** Oder glauben Sie, wenn Sie jemandem Ihre Dienstleistung anbieten, der andere sie als Banknote vor sich sieht, wo er Angst haben muss, sie könnte falsch sein. Natürlich nicht, Sie werden immer als Person wie als Mensch gesehen und gehandelt, angestellt und wahrgenommen. **Wir verkaufen unser Wissen wie unsere Genialität als Arbeitskraft** an den **Arbeitsmarkt.** Aus diesem Grund wird die Arbeitskraft als Mensch immer erstrangig sein und bleiben und nicht das Geld, das er für seine Dienstleistung erhält. Geld sollte immer **seine Zweitrangigkeit behalten.**

Leicht gesagt, schwer getan. Die Oberflächlichkeit der Menschen ist groß, die meisten von uns haben sich in ihrem Leben **nicht mit dem Wert des Menschen,** sondern mit dem Wert des Geldes beschäftigt. Hier liegt ein Problem, wo eine Veränderung gut anstehen würde. **Menschlichkeit ist angesagt!** Wir alle suchen täglich Anerkennung und Beachtung. Wir klagen über zu wenig Menschlichkeit, **doch wer Menschlichkeit erwartet, muss menschliches Verhalten vorleben,** erst dann werden wir von anderen Menschen positiv wahrgenommen.

Wir dürfen niemals Angst vor Geld haben, wir sollten Geld nur als materiellen Gegenwert wahrnehmen. **Geld ist nichts Heiliges, aber auch nichts Bösartiges.** Geld sollte stets die Zweitrangigkeit aller Wünsche einnehmen, anbei sollten wir zum Geld den nötigen **Respekt und Abstand immer behalten.** Erst dann lässt man dem Wert des Geldes die richtige Anerkennung zukommen. Viele Menschen behaupten, **dass die größte Macht im Geld zu finden sei,** ich glaube nicht, dass dies der Fall ist.

Die größte Macht ist die Beständigkeit und diese wird nicht vom Geld, sondern **von Menschen vollzogen.** Geld ist ein totes Produkt, das erst durch Menschen zum Leben erweckt wird. Natürlich lässt sich mit Geld Macht erkaufen, doch diese Macht ist meistens nur von einer gewissen Dauer. **Ideologien dieser Welt** werden alle **Macht des Geldes** überleben, da diese Ideologien nur von Menschen vollzogen werden.

Wir müssen aber auch die Macht (sagen wir die kleine große Macht des Geldes) in unser tägliches Leben einverleiben. Wir müssen lernen, mit der kleinen großen Macht umzugehen! **Wir müssen lernen, diese Macht zu beherrschen!** Wir müssen lernen, das Maximum in einem Minimum zu finden! Wir müssen lernen, mit dem arbeitslosen Geld oder Sozialgeld zu leben. **Machen Sie sich einen Budgetplan, versuchen Sie, sich ein tägliches Budget zu erstellen,** nur so können Sie Ihren Haushalt in den Griff bekommen.

Sparen Sie am Unnötigen, es gibt eine ganze Menge, wo Sie die Möglichkeit haben, unnötige Ausgaben zu reduzieren. Ich kenne Ihre Antwort, schließlich haben Sie schon überall gespart, stimmt: **Wenn Ihr bisheriges Sparen nicht**

**reicht, haben Sie immer noch zu viel ausgegeben!** Sparen Sie! Beim Einkauf von Lebensmitteln: Kaufen Sie im Rahmen von Aktionen, suchen Sie Preisvergleiche und Sie werden sehen, wie unterschiedlich und viel günstiger es an gewissen Orten sein kann. Machen Sie sich solche **Preisvergleiche zum eigenen Wettbewerb.**

Freuen Sie sich darüber, dass Sie an diesem Wettbewerb teilnehmen dürfen und freuen sie sich, wenn **Sie wieder einmal einen Wettbewerb gewonnen haben.** Sie haben der suggerierten Kaufverführung widerstanden, haben Augen und Ohren offen gehalten, Sie haben gewonnen, denn Sie ließen sich von Ihrem Verstand leiten. **Sparen Sie beim Kochen!** Kochen Sie nicht mehr, als Ihr Magen oder Ihre Familie verträgt und isst. Achten Sie darauf, dass Sie nicht **dauernd Essen wegwerfen müssen.** Kochen Sie weniger Fleisch, weichen Sie auf Gemüse, Obst und Teigwaren aus. Sie tun damit auch Ihrem Körper einen großen gefallen. Mit wenig oder gar keinem Fleisch werden Sie schöner und besser aussehen. Vergessen Sie nicht, große Fleischesser haben von ihrer Haut und ihrem Aussehen her noch **nie schön ausgesehen und altern sehr schnell, das ist mehrheitlich statistisch erwiesen.**

Auch erhöhen Sie den Wert Ihrer persönlichen Ethik. **Sparen Sie mit Alkohol, Mineralwasser,** Cola usw. Hier kann man auf Tee, Sirup oder auf ganz normales Leitungswasser ausweichen, das zudem noch viel gesünder ist. Wir leben in einem Land, wo das beste Wasser aus dem Wasserhahn läuft. Trinken Sie dieses Wasser auch Ihrer Gesundheit zuliebe. **Sparen Sie bei Alkohol!** Hier wird sehr viel Geld ausgegeben. Überlegen Sie einmal, wie viel Geld Sie für den persönlichen Bedarf ausgeben.

Trinken Sie weniger Bier, das ist noch das Billigste; teurer wird es schon mit Wein oder Schnaps! **Sparen Sie bei Kaffee!** Viele Frauen und Männer sind es gewohnt, **ihren Kaffee in einem Restaurant einzunehmen. Sparen Sie bei Zigaretten! Auch hier können Sie einen großen Verlust Ihres Haushaltgeldes einsparen.** Rauchen Sie, wenn Sie es nicht anders können, aber rauchen Sie weniger und billiger. **Vielleicht ist Ihnen aufgefallen,** dass ich Dinge aufgezählt habe, die dem täglichen Leben unterworfen sind. Genau hier gilt es zu sparen, weil Sie genau bei diesen Dingen immer wieder zur Geldbörse greifen müssen.

Kommt dieses Zur-Geldbörse-Greifen während des Tages öfters vor, so ist es ganz normal, dass bei einem geringeren Einkommen plötzlich kein Geld mehr vorhanden ist. **Auch müssen wir wissen, dass wir alle einem Kaufjuckzyklus unterworfen sind.** Unser Kaufjuckzyklus ist etwas ständig Wiederkehrendes. **Er ist in uns und wird von Automatismen geleitet, diese Kaufkrankheit müssen wir lernen zu stoppen. Es gibt Menschen, die vom Kaufjuckzyklus besessen sind,** diese Menschen können nicht anders, sie müssen ständig etwas Neues kaufen.

Zum Beispiel für die Kinder! Sie sind nicht fähig, zu überlegen, dass das, was ihnen Papa eben gekauft hat, **keinen Sinn ergibt,** dass sie sich **von den anderen Kindern drängen** ließen, dieses und jenes zu kaufen, nur weil sie jammerten. Diese Menschen erleben hier, obwohl ihr Verhalten sonst normal ist, einen **totalen Denkausfall,** sie unterliegen dem Kaufjuckzyklus, dieser juckt sie, ständig und immer wieder etwas zu kaufen. **Solche Menschen müssen lernen, dagegen anzukämpfen,** diese Menschen müssen lernen, ihren **Verstand** zu gebrauchen und sich nicht nur von **Emotionen** leiten zu lassen. Die einzige Abhilfe dagegen ist, diesem Kaufjuckzyklus mit **Vorausdenken vorzubeugen, um so das Sparen nicht zu vergessen.**

**Wichtigkeiten** von **Unwichtigkeiten** unterscheiden zu lernen. Natürlich hat die Familie oder der Arbeitslose selbst Wünsche, es sind zwar nur kleine, doch es wäre so schön, sich diese kleinen Wünsche zu erfüllen.

Dabei kommt es vor, dass Ihre Gedanken in die **Vergangenheit abschweifen,** in eine Zeit, wo man sich noch so vieles leisten konnte. Bittere Gedanken beschäftigen diese Menschen, denn sie werden sich bewusst, in was für eine Zweitrangigkeit des Seins sie hineinmanövriert wurden. **Eine Veränderung hat sich vollzogen, man ist unglücklich** und doch gibt es hier eine Teilschuld an die Betroffenen.

Ihr inaktives Verhalten, nichts gegen die Kaufsucht zu tun, sich nicht den neuen Verhältnissen anzupassen, hat **für viele eine Krise heraufbeschwört,** denn sie haben die neue Situation nicht verinnerlicht. Dieses inaktive Verhalten gibt ihren Gedanken die Möglichkeit, alles, aber wirklich alles in Frage zu stellen. **Schwarzmalereien, Ehekrisen, Depressionen, Selbstmorde sowie viele andere negative Auswirkungen sind Quintessenzen freilaufender unkontrollierter Gedanken.** Es ist höchste Zeit, wieder Chef der eigenen Denkzentrale zu werden, wie diese auch zu nutzen. Benutzen Sie Ihren Geist dazu, positives Denken aufzunehmen, zu steuern und zu leben.

Sie müssen Ihr Leben wieder voll in den Griff bekommen, Sie müssen die Oberhand über Ihre Gedanken wiedererlangen, **Sie müssen wieder Chef Ihrer Denkzentrale werden, sollten Sie dieses Chefsein verloren haben.** Sie müssen versuchen, Ihrer Denkzentrale alles Negative zu nehmen und sie mit positiven Gedanken zu ersetzen. Sehen Sie zu, dass **Sie Ihr Budget in den Griff** bekommen und **alles wird sich zum Guten** wenden.

**Sie müssen Ihrer Denkzentrale alles Positive darlegen,** zeigen, leben, entfächern und verständlich machen! Grund zum positiven Denken wie auch zum Glücklichsein haben Sie mehr als genug! **Freuen Sie sich,** der Eintönigkeit Ihres Lebens entflohen zu sein!

- **Bei Ihren Kindern sein zu dürfen!**
- **Eine Familie zu haben, die Sie liebt!**
- **Freunde zu haben, die sich an Ihrer Persönlichkeit erfreuen!**
- **Freuen Sie sich, dass Sie gesund sind!**
- **Freuen Sie sich, dass Sie die Sonne sehen!**
- **Freuen Sie sich, dass Sie den Regen und den Wind spüren!**
- **Freuen Sie sich, dass Sie die Bäume und die Blumen in ihrer Vielfalt betrachten dürfen!**
- **Freuen Sie sich über alle Kleinigkeiten, die Ihnen jeder Tag schenkt.**

Freuen Sie sich ganz einfach, all diese Schönheiten der Welt erleben zu dürfen!

**Diese Welt bietet uns so viel Schönes, wir müssen nur noch lernen,** mit offenen Augen durch die Welt zu gehen. Mit positivem Denken müssen wir die Welt erobern. Versuchen Sie es und Sie werden zu den **Glücklichen** dieser Welt gehören. Versuchen Sie, sich und andere Menschen glücklich zu machen, verteilen Sie ein schönes Wort mal hier, mal da.

Machen Sie andere Menschen stark und **Sie werden für sich Kräfte ernten, von denen Sie niemals zu träumen gewagt hätten.** Geben gibt allen Menschen die Möglichkeit, sich zu visualisieren. Lösen Sie sich gedanklich von **materiellen Reichtümern und deren Vorstellungen** und wenden Sie sich **höheren geistigen Werten zu.** Sicher haben Sie schon oft selbst beobachtet und erkannt, dass unser materielles Denken, wenn man sich selbst nicht unter Kontrolle hat, sehr oft in einer Sackgasse landet, aus der es kein Herauskommen mehr gibt. **Zu sehr las-**

sen sich Menschen von **Automatismen und Visionen leiten,** die danach zum ständigen Begleiter des Lebens werden.

Unsere Automatismen und zu hoch gegriffenen Visionen, die sich bei vielen auch zu **einer Gier entwickeln,** hindern uns viele Male **an unserer geistigen Entfaltung** und machen es uns schwer, mit Veränderungen fertig zu werden. **Stillen Sie diese Gier, indem Sie sich von ihr lösen.** Egal was es auch immer ist und was diese Veränderung herbeigeführt hat. Diese Veränderung musste sein, ansonsten wäre sie nicht eingetroffen. Auch hier ist es wieder wichtig, das **Positive** an der Veränderung zu finden und zu erkennen.

**Sie alle, die arbeitslos sind, haben auch Grund, glücklich zu sein:** Sie sind frei, sie wurden herausgelöst aus Intrigen, Job-Mobbing und vielleicht schon jahrelangen Kämpfen, **sie haben diese Veränderung gebraucht,** sie haben diese Veränderung verdient, um sich ein neues schöneres Leben aufzubauen. Sie müssen vorwärts und nicht rückwärts schauen, freuen Sie sich über die Veränderung, die in Ihr Leben getreten ist. **Diese Veränderung wird für Sie in jeder Beziehung nur gut sein!**

Bedenken Sie nur, wie sich Ihre Wertvorstellungen verändert haben, dank der Arbeitslosigkeit haben die **kleinen Dinge des Lebens** wieder einen viel größeren Wert erhalten. Was früher etwas Selbstverständliches darstellte, ist heute für viele etwas Seltenes, vielleicht sogar etwas **sehr Wertvolles geworden,** etwas, das nicht mehr **alltäglich ist.** Bei allen Beteiligten lässt sich eine neue Wertvorstellung erkennen. Was früher ein sehr kleines Problem war, lässt sich nun als großes Problem erkennen, so haben sich **Wertvorstellungen verschoben.**

Etwas, das schon lange nicht mehr gesehen wurde, hat in der jetzigen Situation vielen die Augen geöffnet, sie wieder neu sehen gelehrt. **Das zu realisieren, sich darüber noch zu freuen, wird unseren menschlichen Wert um ein Vielfaches erhöhen!**

Viele der Menschen, die ihre Arbeit verloren haben, dachten am Anfang fast alle dasselbe. Ich bin arbeitslos na und, das ist doch gar kein Problem. Es ist ja wirklich nicht schlimm, jetzt mache ich erst einmal ein bisschen Ferien und erhole mich von dem Stress, den ich hinter mir habe, **Arbeit finde ich ganz bestimmt wieder.** Meinen Fähigkeiten entsprechend bin ich ein gefragter Mann/Frau, denn ihr wisst ja: Wer wirklich arbeiten will, der findet immer eine Arbeit. **Diesen Spruch kennt sicher jeder von euch. Leider ist es nicht immer so!**

Für gar manchen von Ihnen ist inzwischen viel Zeit vergangen und viele dieser Menschen haben immer noch keine Arbeit gefunden, trotz größter Bemühungen, **oder vielleicht doch nicht?** Vergessen wir nicht, dass bei Langzeitarbeitslosen jeder Tag, der vergeht, diesen Menschen **ein Stück Selbstvertrauen mehr nimmt.**

**Die Aussicht, einen Job zu finden, wird immer kleiner.** Ihr Vertrauen, das diese Menschen in ihre Zukunft gelegt haben, ist zu einem großen Teil zerstört. Nun sind sie von ihrer Zukunft oder anders gesagt von ihrem Leben enttäuscht. Alles hat sich anders entwickelt, als sie es sich vorgestellt hatten. Ein Spruch, der immer wieder der Wahrheit entspricht, ist: **Erstens kommt es anders und zweitens als man denkt.** Das Problem dabei ist, leider denken die meisten Menschen zu wenig über sich und ihre gegebene Situation nach.

Nun aber ist es so, wie es ist, nichts will mehr gelingen und alles nur wegen dieser Arbeit. Ein großer Berg an Frust hat von vielen dieser Menschen Besitz ergriffen. Keiner will diese Menschen verstehen, nicht einmal die Familie, auch nicht die engsten Freunde. **Diese Menschen fühlen sich von allen und jedem** alleingelassen, das alles nur, weil die Arbeit verloren gegangen ist und sie zu einer Minderheit im Land geworden sind.

**Genau das glauben diese Menschen!** Und so mancher von ihnen wird jetzt zu einem Einzelgänger, zu einer Rückzugsperson in seinen eigenen vier Wänden. Sie haben sich mit Ihren Gedanken **in eine Sackgasse verirrt.** Sie haben den Fehler gemacht, sich nur mit einem einzigen Problem wirklich zu beschäftigen. Alle anderen Werte, die für das Leben genauso wichtig sind, **wenn nicht sogar noch wichtiger, wurden einfach ausgeblendet.**

Lebensqualität hat nicht nur mit Geld zu tun, Lebensqualität heißt, sich ein Bewusstsein zu schaffen, wo man seine innere Zufriedenheit finden kann. **Es wäre zu einfach und noch dazu dumm, Schuldzuweisungen zu erstellen. Schuldzuweisungen an die Firma, wo wir angestellt waren, an sich selbst, die Familie, an Freunde oder an Fremde.** Lernen wir ganz einfach zu akzeptieren, dass wir in Zeitabschnitten leben, die ständigen Veränderungen unterworfen sind.

Nun auf einmal **soll alles falsch sein, soll alles in Frage gestellt werden,** was vor einem Monat, einem halben Jahr oder zwei Jahren noch richtig war? Das glaubt doch selbst keiner von euch. Dass alles, was ihr gemacht habt, falsch gewesen sein soll!

**Nein, weg mit den Schuldzuweisungen, weg mit Anschuldigungen,** freuen wir uns lieber an einer Vision, die vor uns liegt. **Freuen wir uns daran,** dass unser Leben nichts Totes, sondern ganz und gar etwas Lebendiges ist. Wir sollten endlich lernen, **Tatsachen** so zu akzeptieren, wie sie sind und uns nicht von Selbstmitleid zerfressen lassen.

Nun, da es passiert ist, dürfen wir nicht zum Ankläger gegenüber anderen werden. Menschen, die das machen und **fabrizieren, wollen nur sich selbst in einem besseren Licht zeigen.** Diese Menschen wollen mit **negativen Ausreden sich selbst** beruhigen, um von sich ein Bild zu erstellen, das nicht der Wirklichkeit endspricht. Das alles nur, um sich selbst zu beruhigen. **Das alles ist ein Trugschluss,** ein Ding der Unmöglichkeit, da alles nur eine Selbsttäuschung ist. Wir können nicht die Welt verändern, wir können nur uns verändern, also fangen wir endlich mit uns an. Gestehen wir uns doch ein, dass es einen **Zeitgeist** gibt.

Wir müssen lernen, diesen Zeitgeist zu akzeptieren wie auch zu respektieren, er bestimmt unser Leben, wie unsere Arbeit. **Der Zeitgeist lässt sich nicht verdrängen,** er bestimmt die Gezeiten der Welt, in der wir leben und sterben dürfen. Es gibt Bestimmungen, wo wir keinen Einfluss nehmen können. **Wenn wir uns schon Gedanken machen, sollten es positive Gedanken sein,** Gedanken, die uns weiterbringen, die uns ein Lächeln ins Gesicht zaubern.

Versuchen wir, einmal nicht das negative Bild der Zeit zu leben, das suggerierte Bild **aus der Zeitung, aus dem Radio, aus dem Fernsehen oder aus dem Internet.** Viele von diesen auf uns suggerierten Bildern strahlen uns ein Bild vor, das uns negativ manipuliert, aus diesen Bildern entstehen **negative Automatismen.** Dagegen müssen wir uns wehren, um negative Suggestionen von uns fernzuhalten, müssen wir lernen, unser Leben einfacher und sinnvoller gestalten.

**Wir müssen uns den Sonnen des Lebens zuwenden, um uns an ihren Strahlen zu erwärmen.** Diese Sonnen müssen wir wiederfinden, der graue Vorhang, der sich in unserem Kopf eingenistet hat, muss endlich verschwinden. Da wir uns ansonsten von **Automatismen und Angewohnheiten nicht mehr lösen können.** Wenn wir aber lernen, mit unserem Bewusstsein zu arbeiten, dann werden wir diese Hürde schaffen.

**Der Grund, warum diese Veränderung so schwer zu vollziehen ist:** Wir sind faul geworden, Gewohntes zu tun, ist um ein Vielfaches einfacher, **als Ungewohntes zu erlernen.** Wir alle haben die Angewohnheit angenommen, auf nichts zu verzichten, wir waren es gewohnt, aus dem **Vollen zu schöpfen.** Auf einmal sollten wir uns einschränken, wir werden gezwungen, etwas zu tun, das uns fremd ist. Seien wir nicht geizig zu uns selbst, geben wir doch ab, was wir uns nicht leisten können, **geben wir uns mehr Qualität statt Quantität.** Endlich haben wir die Möglichkeit, Gewichte abzugeben, die unser Leben bedrücken und erschweren.

**Auch unseren Partnern sollten wir mehr Raum und Toleranz zum Leben geben.** Es bleibt nicht zu vergessen: Wer gibt, dem wird gegeben. Wenn wir großzügig zu unserem Partner sind, wird unser Partner **großzügig zu uns sein.** Wenn wir Fröhlichkeit ausstrahlen, werden unsere Partner und alle anderen Menschen uns Fröhlichkeit zurückgeben. Das gemeinsame Zusammensein wird wieder zu einem wunderschönen Erlebnis.

**Ja, die Leichtigkeit zu leben, liegt in der Einfachheit des Seins.** Warum das Leben verkomplizieren, warum an etwas Festhalten, das uns Schmerzen bereitet, wenn es sich anders viel besser und schöner leben lässt? **Wir müssen uns verändern,** um unser geistig-destruktives Denken zu überwinden. Der ständige Kampf um die persönliche Wahrheit zeigt seine Abnutzungserscheinungen und macht uns müde. **Viele von uns haben nie gelernt, was ehrliche Toleranz ist, geschweige diese Toleranz vorzuleben.**

Toleranz ist, mit der Eigenartigkeit des anderen zu leben. Toleranz ist aber auch, mit den **Eigenartigkeiten des Lebens fertig zu werden,** dieses zu akzeptieren und zu respektieren. Das heißt, dass wir nicht bemüht sein müssen, anderen unsere Wahrheit aufzudrängen oder sie gar mit unseren anerzogenen Wahrheiten, die viele Male keine Wahrheiten sind, zu traktieren. **Wir müssen lernen, andere Wahrheiten zu akzeptieren, auch wenn sie wehtun,** erst danach können wir anderen Menschen unsere Wahrheit darlegen.

**Warum?** Nun, die Menschen werden dann eher die Akzeptanz finden, uns zuzuhören, uns zu glauben. Überlegen Sie einmal, Sie haben in Ihrem Leben **irgendjemandem einmal geholfen, es war vielleicht von Bedeutung:** Ich bin überzeugt, dass dieser Mensch, sollten Sie einmal selbst Hilfe brauchen, ganz sicher auch Ihnen helfen wird, **sofern es in seiner Macht steht.**

**Ein Langzeitarbeitsloser weiß oft mit seiner Freizeit nichts anzufangen,** Freizeit kennen viele Langzeitarbeitslose nicht. Je länger eine Arbeitslosigkeit andauert, desto schwieriger wird es für diese Menschen, **Erholung zu finden.**

Ihre Stresssituation hat zugenommen, immer weniger Gedanken lassen sich auf ein bestimmtes Ziel hin formieren. **Klare Vorstellungen lassen sich nicht mehr erfassen, Erholung ist für diese Menschen zu einem Fremdwort geworden, sie kennen es nicht mehr.** Ihre persönliche Wertschätzung wurde durch die lange Arbeitslosigkeit herabgesetzt, **ihr Selbstwertgefühl hat sich dem Zerfall hingegeben.**

Der arbeitende Mensch hingegen ist in der Gesellschaft voll integriert, er kann auf die volle Anerkennung und Unterstützung der Gesellschaft rechnen. **Seine Integrität ist nie gefährdet.** All das kennt der arbeitslose Mensch nur noch von früher, als er noch seinen angestammten Beruf ausüben konnte. **Ja damals hat jeder von ihnen noch die persönliche Wertschätzung** der Gesellschaft erhalten.

Die Leistung, die sie erbringen konnten und durften, war für alle Beteiligten eine große Befriedigung und ergab für sie einen hohen persönlichen Wert. **Der Wert ihrer Leistung wurde ihnen mit dem Lohn,** den sie dafür erhielten, reflektiert wiedergegeben. Die Leistung ihrer Arbeit wurde geschätzt und belohnt. Dieser Lohn gewährleistete und bestätigte ihnen immer wieder, **wie wertvoll ihr Anteil an der Arbeit war.** Dabei hatten sie immer wieder die Möglichkeit, sich aufs Neue zu profilieren.

Mit dem Lohn, den sie verdienten, konnten sie ihre **Freizeit**, ihre **Familie** und ihre **Hobbys** finanzieren und genießen. **Mit dieser Finanzierung** erhöhten sie ihre Lebensqualität und Lebensfreude. Mit schöner Regelmäßigkeit konnten sich all diese Menschen die verschiedensten materiellen Dinge leisten, was im Gegensatz zu heute unmöglich ist. **Mit dem Verlust der Arbeit hat sich ihr**

**Leben drastisch verändert.** Diese Menschen wurden aus ihrem gewohnten Lebensrhythmus herausgerissen.

Eine gewohnte Umgebung musste verlassen werden, in der sie sich lange Zeit sicher und wohl gefühlt haben. **Gute Arbeitskameraden oder gar Freunde mussten verlassen werden.** Durch das Knapperwerden des hereinkommenden Geldes musste vieles eingeschränkt werden, viele Annehmlichkeiten gingen verloren. Automatismen, die sich eingelebt hatten, können nicht mehr gepflegt werden, vieles ist auf einmal so viel anders geworden.

**Viele von ihnen sind unbefriedigt und finden sich in ihrer Nutzbarkeit alleingelassen, ihr Lebensrhythmus ist ein einziges Chaos.** Diesen Teufelskreis gilt es zu sprengen, eine neue Ideologie muss gefunden werden.

**Machen Sie mehr für Ihr geistiges und körperliches Wohlbefinden:** Ein gesunder Körper ergibt einen gesunden Geist, oder ein gesunder Geist sorgt für einen gesunden Körper. **Genau diese Werte gilt es zu finden.**

Setzen Sie sich nicht in den Kopf: Nur weil Sie arbeitslos sind, hätten Sie kein Anrecht darauf, Sport zu treiben. Wenn es so sein sollte, ändern Sie sofort Ihre Meinung: **Machen Sie mehr aus Ihrem Körper, trimmen Sie ihn fit!** Vielleicht wandern Sie gerne, dann gehen Sie wandern und genießen Sie diese Wanderung. **Gehen Sie schwimmen!** Sollten Sie einen Bauch angesetzt haben und sind Sie mit diesem Bauch nicht zufrieden, setzen Sie sich auf Diät, **trimmen Sie sich fit, machen Sie Sport und bewegen Sie sich.**

Jetzt haben Sie die Gelegenheit, Ihrem Körper etwas Gutes zu tun! Gehen sie an die **Sonne, Bräune schadet auch Ihnen nicht,** ein gesundes Aussehen erhöht Ihre Chancen bei Ihrer Stellensuche! **Trimmen Sie Ihren Körper und Ihre Seele fit** und danken Sie es ihr mit dem Ausdruck innerer Zufriedenheit. **Diese Ausgeglichenheit gilt es zu finden.** Wenn Sie es geschafft haben, Ihre innere Zufriedenheit zu finden, wird Ihre Persönlichkeit auch nach **außen hin wahrgenommen.**

Ihre Zufriedenheit wird bei der Familie und bei Freunden wohlwollend aufgenommen werden. Jetzt steht Ihnen und all den Menschen, die mit Ihnen im Kontakt stehen, **ein menschliches Wohlbefinden nichts mehr im Wege.** Nun können Sie sich auch mit der momentanen Situation auseinandersetzen und Sie können Ihre jetzige Lage objektiver beurteilen.

**Fordern Sie Ihren Selbstwert ein und gebrauchen Sie Ihr positives Denken.** Früher waren die betreffenden Personen in einem Betrieb tätig, hatten Verantwortung zu tragen. Diese Verantwortung machte sie stark, gab ihnen Selbstvertrauen und **offenbarte ihnen ein großes Wertgefühl.** Dieses Wertgefühl gab ihnen die Persönlichkeit, die sie brauchten, um in einem guten Einklang mit sich selbst zu leben. Ihr Geist wie ihre Innovativität waren gefordert und ausgeglichen, so erhielten sie einen hohen persönlichen Wert, der ihnen wiederum Stärke und Selbstvertrauen gab.

Sie wurden positiv gefordert und gefördert, denn **Arbeit ist eine Versicherung, die Geist und Seele in eine Ausgewogenheit balanciert.** Nun sind viele dieser Menschen zuhause, was passiert?

Die Frau, der Mann oder die Eltern, viele meinen es vielleicht gut mit ihnen, alle sprechen mit ihnen und geben Ratschläge. „Mach dies, mach das", all das können sie nicht mehr hören. Langsam kommen ihnen ihre Worte buchstäblich bei den Ohren raus. **Hinzu kamen all die unbefriedigten kleinen Arbeiten! Arbeiten, welche die jeweilige Person nicht befriedigen können.** Das Schlimmste an dem Ganzen ist, diese Person wird zu einem reinen Befehlsempfänger. **Tag für Tag sollte diese Person nun Befehle entgegennehmen, auch wird sie am** Schluss noch getadelt, weil das eine oder das andere nicht so gut gemacht werden konnte.

Wie sollte es auch, er oder sie kennen sich im Haushalt gar nicht aus und wissen nicht, welch große Kleinigkeiten für einen Haushalt alles gemacht werden müssen, da sie es vorher nie tun mussten. **Aus diesem anfänglich kleinen Problem wird mit der Zeit ein sehr, sehr großes Problem.** Viele Male waren die betreffenden Personen früher selbst Befehlsgebende gewesen, nun müssen sie die Frustration ihrer **herabgestuften Persönlichkeit täglich erleben.** Persönliche Entscheidungsfreiheiten werden eingegrenzt, die Wichtigkeit ihrer Person ist nicht mehr gefragt.

**Früher oder später kommen sich viele dieser Menschen bevormundet vor. Zum einen** sind es die arbeitsamtlichen Vorlagen, die erfüllt sein müssen, zum anderen die zwischenmenschliche Beziehung mit der **Familie, Freunden und Kollegen. Zum dritten** die Untätigkeit ihres Seins, mit der sie sich nicht abfinden können. Ein Teufelskreis, mit der Zeit entsteht im Kopf dieser Menschen ein Vakuum, eine Ohnmacht der Hilflosigkeit, ein Knäuel von verwirrenden Gedanken bemächtigt sich ihrer, vieles gerät durcheinander.

Viele dieser Menschen **unterstehen in dieser Zeit einer geistigen Lähmung,** eine Weiterentwicklung ist in dieser Phase nicht mehr möglich. Im Gegenteil, es findet eine Stagnation oder gar eine **Rückentwicklung ihrer effektiven Fähigkeiten** statt. Diese Rückentwicklung ist nicht auf das geistige Wissen bezogen und auch nicht auf die manuellen Fähigkeiten der betreffenden Person. Diese Rückentwicklung findet nur in ihrer Psyche und Persönlichkeit statt, diese hat sich verändert. **Sie verlieren an charismatischer Ausstrahlung, an Selbstsicherheit wie an Selbstbewusstsein.**

Viele dieser Menschen lassen ihr Selbstbewusstsein absterben und geben sich innerlich auf. Statt gegen diesen Zerstörungstod anzukämpfen, helfen sie mit, ihr eigenes Ich zu begraben.

**Die vorstehenden Sorgen um die Arbeit, um die Familie,** um die eigene Person sind für sie so groß geworden, dass ihr Gehirn keine andere Aufnahmefähigkeit und anderes Denken mehr zulässt. **Positives, rationales Denken** ist die einzige Hilfe, die uns unser Geist zur Verfügung stellt. **Also nichts wie ab und hin zu allen positiven Gedanken, sie helfen uns und reißen uns aus den Depressionen, in die wir uns hineinmanövriert haben.** Ab sofort freuen wir uns über die **kleinen Dinge** und erklären diese für erstrangig und **die großen** für zweitrangig. Sagen Sie nicht: „Es geht nicht." Es geht, wenn Sie es wollen. Leichter gesagt als getan!

Die Gedanken drehen sich im Kreis, dieser Kreis wird immer enger und enger. Die Fragen, die sich in diesem Kreise drehen, sind immer wieder dieselben.

- a) **Wie kann ich mich nützlich machen?**
- b) **Wie sollte meine Arbeit aussehen?**
- c) **Welche Arbeit bin ich im Stande anzunehmen?**
- d) **Wie hoch wird mein Verdienst sein?**
- e) **In welche Arbeit kann ich mein Wissen und Talent einbringen?**

Fragen über Fragen, und doch sind es immer wieder dieselben, die diese Menschen den ganzen Tag über beschäftigen. Fragen, die sich im Unterbewusstsein eingenistet haben und sich nicht mehr entfernen lassen wollen. **Es ist wie eine böse Fata Morgana.** Mit jeder Frage, die sich diese Menschen stellen, wird immer wieder aufs Neue ihre Nutzbarkeit in Zweifel gezogen. **Warum, wieso, weshalb?**

Nur! Es gibt keinen Grund, seine Persönlichkeit in Frage zu stellen, nur weil man arbeitslos ist! Jeder muss lernen, die **Ist-Zeit zu respektieren, den Sinn dieser Zeit anzunehmen und das Beste aus ihr herauszuholen.** Wir müssen lernen, tolerant gegenüber all den Widerwärtigkeiten dieses Zeitgeistes zu werden und müssen als Allererstes bei uns anfangen. Seien wir doch tolerant zu uns und hören wir auf, unsere Seele zu plagen.

**Wir müssen lernen anzuerkennen, dass nicht wir über die Zeit bestimmen können, sondern diese uns Wege bereitet, worauf wir zu laufen bestimmt sind.** Erst wenn unsere Toleranz sich so weit entwickelt hat, haben wir den Anfang zum Weg unserer **persönlichen Weisheit beschritten.** Wir müssen lernen, Schuldzuweisungen abzubauen, um sie später dann ganz zu eliminieren.

Es ist doch eigenartig, obwohl es keinen Grund gibt, bekommen viele arbeitslose Menschen mit der Zeit ein schlechtes Gewissen, **sie leben mit dem Gedanken, versagt zu haben.** Ein Gewissen, bei dem ihre anerzogene Moral ihnen vorgaukelt, dass nur derjenige, der Leistung erbringt, den erwarteten Wert unserer Gesellschaft erfüllt. **Richtig ist,** dass jeder Mensch, **auch jemand, der im Moment keine produktive Leistung** erbringt, genauso viel wert ist wie der andere, der Leistung erbringt.

**Der Wert eines Menschen liegt nicht nur im Erfüllen einer produktiven momentanen Arbeit. Der Wert jedes Menschen liegt in seinen Gedanken, in seinem Talent wie in seinem Wissen.**

Alle Menschen sollen sich immer bewusst sein, dass Menschen zwar ihre Arbeit verloren haben, aber nicht ihren Wert. Dieser Wert liegt zwar momentan brach, wird aber bei jedem Neuanfang reaktiviert. **Es gibt keinen Grund, ein schlechtes Gewissen zu haben! Es gibt keinen Grund, unglücklich zu sein. Wir wollen uns positiv verändern?** Diese Veränderung muss mit eigener Kraft und eigenem Willen herbeigeführt werden.

Das positive Denken war schon immer vorhanden, es muss nur reaktiviert werden. Wir alle müssen die Sonne, die in uns scheint, nach außen tragen, um erkannt zu werden. Menschen, die **Glück ausstrahlen,** werden von **anderen Menschen anerkannt, umschwärmt und geliebt.** Das muss unser **großes Ziel sein!** Die Wärme, die wir ausstrahlen, soll andere erreichen, wie auch die Kälte, die wir ausstrahlen, von allen wahrgenommen wird. Genauso wie auch **unsere Gleichgültigkeit** wie **Glaubwürdigkeit** von allen registriert wird. Alles sind Menschen mit Gefühlen, die menschliches Verhalten erwarten.

Egal was es ist, wir leben in einer Gesellschaft, in der jeder auf irgendeine Art an dem Leben anderer teilnimmt. Dieses Teilhaben am anderen Leben beinhaltet unser Menschsein. Jeder von uns muss **zuerst lernen, das Gute zu sehen** wie auch das **Gute vorzuleben,** nur so können wir Selbstvertrauen gewinnen. Probieren Sie es, gehen Sie hinaus und strahlen Sie oder lächeln Sie jemanden an, zeigen Sie **Ihre gute Laune, Ihr Verständnis, Ihre Teilnahme** und Sie werden sehen, wie schnell es andere Menschen ansteckt. Sie werden sehen, wie schnell jemand zurücklächelt und wie sich in Ihnen ein gutes Gefühl ausbreitet. Jemanden glücklich zu machen, tut uns allen sehr, sehr gut.

Es belebt unser Seelenleben und macht uns zu zufriedeneren Menschen. Praktizieren Sie es an Menschen, **die Sie lieben, vermehrt** Komplimente zu machen! Sie werden sehen, wie schnell sich Ihnen **ein strahlendes Gesicht** reflektiert. Das Gefühl, **das diese Reflexion in Ihnen auslöst, wird so wunderbar sein,** dass Sie einer Wiederholung nicht abgeneigt sind. Fahren Sie weiter und wiederholen Sie es immer wieder, immer wieder. Dabei wird sich sehr schnell ein wunderbares Wohlbefinden bei Ihnen einstellen.

Auch wenn Sie im Moment keine feste Anstellung mit abgesicherten Verträgen haben, gibt es keinen Grund, nicht an Ihre Zukunft zu glauben. **Es gibt keinen Grund zu zweifeln, es gilt, vorwärts zu schauen, um nicht weiter die Vergangenheit zu leben.**

**Vergangenes soll und muss Vergangenheit bleiben,** es nützt nichts, sich jeden Tag zu grübeln, nach dem Warum und Wieso zu fragen, das alles ist nur nutzlos verbrauchte Energie und Zeit. Nichts braucht ein stellenloser Mensch mehr als positive Energie. Bei Stellen und Langzeitstellenlosen ist es allzu oft gegenwärtig, in welch ein Durcheinander ihre Gedanken geraten sind. Viele von ihnen haben jedes Zeitgefühl verloren, wissen oft nicht einmal mehr, welches Wochendatum ist, manche vergessen sogar das Kalenderdatum.

**Diese Zerstreutheit durchsetzt ihr ganzes jetziges Leben, viele von diesen Menschen haben früher einen anspruchsvollen Beruf ausgeübt und waren überaus belastbar. Ihr Lebensrhythmus muss neu gestaltet und gefunden werden, Wichtigkeiten müssen neu überdenkt und neu definiert werden.**

Ohne Arbeit ist ihr Schiff steuerlos geworden, die Arbeit war der Wind, den ihr Schiff brauchte, um vorwärts zu kommen. Dieses Schiff muss wieder flott gemacht werden, ein neuer Wind muss gesucht und gefunden werden. Jeder muss an seinen eigenen Willen appellieren, jeder muss sich selbst stark machen, aufgeben muss für jeden für immer ein Fremdwort bleiben.

**Vergessen wir nicht, alles, wirklich alles kann erlernt werden, aber nur dann, wenn wir es wirklich wollen!** Flexibilität und Anpassungsfähigkeit sind für uns nichts Fremdes, wir brauchen nur unseren Willen dafür zu geben. **Alles ist nur eine Einstellung von positiven Gedanken, unser Kopf besitzt eine Denkfabrik!** Wir besitzen viele Angestellte, das sind unsere Gedanken, wir haben positive und negative Angestellte. Was macht man mit negativen Angestellten, die einem ständig das Betriebsklima verunreinigen?

**Wir eliminieren sie, wir schmeißen sie hinaus und ersetzen sie durch neue gute positive Gedanken.** Wir alle wollen, dass es in unserer Fabrik sauber zu- und hergeht, dass Ruhe einkehrt und wir über alles die Übersicht wiedergewinnen. **Wir wollen, dass unsere Denkfabrik wieder funktioniert.** Alles ist erreichbar, man darf nur die Realität nicht aus den Augen verlieren. Es gilt, Ziele zu setzen und diese auch zu erreichen.

Um diese Ziele zu erreichen, dürfen wir unsere neu gesetzten Ziele nicht allzu hochstecken. **Wir müssen Teilziele einbauen,** das neue Haus, das unsere Gedanken produzieren soll, darf nicht einstürzen, wir müssen es mit Teilzielen abstützen. Wir müssen versuchen, mit **kleinen Schritten** unser **gestecktes großes Ziel** zu erreichen.

Das Schöne daran ist, je mehr Teilziele wir erreichen, umso mehr Siege können wir feiern. Mit Genugtuung werden wir feststellen, dass wir unserem Ziel immer näher kommen. So bauen wir unser Selbstvertrauen wieder auf, bis unser Haus steht. **Nichts brauchen wir jetzt mehr als Siege, auch wenn sie noch so klein sind, sie erfreuen unser Gemüt und bringen uns den Seelenfrieden und die Selbstsicherheit wieder zurück.**

Auch wenn es keine großen Siege sind, es stärkt unser Selbstvertrauen, diese Siege machen uns wieder stark und lassen vorhandene Wunden heilen. Bedenkt bitte, es ist noch nie ein Meister vom Himmel gefallen. Rückschläge können uns nicht mehr schwächen, wir arbeiten schon für den nächsten Sieg, den wir mit voller Kraft anstreben. **Nur die Gegenwart ist Realität, Zukunftsträume sind kleine Traumgebilde. Was wirklich zählt, ist die Gegenwart.**

Wir setzen unsere ganze Kraft dafür ein, unser Ziel zu erreichen, wir brauchen Siege für unser Selbstvertrauen, diese Siege stärken uns gegen Niederlagen. Dazu müssen wir lernen, mit Niederlagen umzugehen, Niederlagen haben nichts Negatives an sich, viele von uns sind gerade aus Niederlagen gestärkt hervorgegangen. **Es liegt an uns, das Positive bei einer Niederlage zu erkennen, nur so kann jeder von uns von einer Niederlage profitieren.**

**Nicht wir bestimmen über das Leben, das Leben bestimmt über uns, es bereitet für uns Wege, auf diesen wir zu laufen bestimmt sind,** das sollte uns immer bewusst sein. Das Leben ist großzügig, es gibt uns die Freiheit, über die momentane Zeit zu verfügen, nun liegt es an uns, wie nutzbar wir diese Zeit gestalten.

Wir bestimmen über unsere Gedanken, wir müssen der Herr und Meister über unsere Gedanken sein. **Sollten sich in unseren Gedanken Frustrationen einnisten, gilt es, diese sofort zu eliminieren. Wieder liegt es an uns, das Positive für unser Leben zu finden!** Folgendermaßen können wir einen freien Weg zu unseren Gedanken finden. Wir müssen in unserem Kopf Platz schaffen, **wir müssen unseren Kopf entleeren,** zu viele Gedanken verwirren uns und lähmen so unsere Schaffenskraft.

Zu viele Gedanken auf einmal können in der jetzigen Situation nicht mehr gelenkt werden, aus diesem Grund müssen wir die allerwichtigsten Probleme zuerst lösen. Die Wichtigkeit von Aufgaben muss klar und der Reihe nach aufgeführt sein. **Wir erstellen uns eine tägliche Liste von Aufgaben.**

Wir fangen ganz klein an und erstellen uns eine Liste für den morgigen Tag. **Erst wenn wir diese Arbeiten ohne Probleme gelöst haben, kann eine Erweiterung der Arbeitsauflagen erfolgen. Übersicht über Ungewohntes lässt sich nur langsam erlernen.** Um unsere Gedanken zu führen, müssen wir ein komplexes System neu aufbauen, nur so können wir unsere volle Nutzbarkeit unter Beweis stellen.

**Neue Grundsteine müssen gelegt werden.** Dabei ist gemeint: Arbeitszeit und Freizeit müssen so gestaltet sein, um Freude und Kraft aus ihnen zu schöpfen. **Freude bringt Gleichgewicht und Gleichgewicht macht stark,** starke Menschen fallen nicht und wenn sie fallen, stehen sie immer wieder auf. Die Wichtigkeit der Freizeitgestaltung sollte wenn möglich so angelegt sein, dass dabei die Möglichkeit gegeben ist, mit anderen Menschen zusammen zu sein, wo man Dialoge führen und Spaß haben kann. **Die Gefahr bei arbeitslosen Menschen besteht darin, dass sie sich unbewusst von der Gesellschaft abschotten, fast schon fürchten, dabei ist das Gegenteil von größter Wichtigkeit.** Der arbeitslose Mensch sollte sich im Besonderen an Begegnungsstätten aufhalten, wo sich die arbeitende Gesellschaft trifft. Es gibt keinen Grund, sich selbst auszugrenzen, ansonsten eliminiert man sich selbst aus der Gesellschaft.

Man sollte nie vergessen, wie wichtig **Beziehungen** in unserer **Gesellschaft** sind, die meisten Beziehungen werden an Begegnungsstätten geknüpft. Solche Beziehungen sind wichtig für das persönliche Wohl, dabei kann Ihnen das Wissen anderer sehr behilflich sein.

Zum Beispiel eine neue Arbeitsstelle zu finden oder neue Freunde zu finden, die gleichgesinnt sind. **Etwas vom Wichtigsten in Ihrer Freizeit ist, dass Sie Ihren Körper fordern, dass Sie ihn belastbar machen.** Denken Sie daran, ein gesunder Geist braucht einen gesunden Körper. Wenn Sie einen gesunden Körper haben, wird auch Ihr Geist viel weniger Probleme aufweisen. **Darum ist es wichtig, einen gesunden, Körper vorzuweisen.** Die umgekehrte Folge ist genauso wichtig, **mit einer gesunden ausgeglichenen Geisteshaltung** lässt sich auch der Körper viel leichter fit halten. Um diesen gesunden Geist zu formieren, müssen wir unseren Gedanken den richtigen Weg geben.

**Wir müssen das Leben positiv sehen, nur so können wir vom Leben lernen!** Sehr wichtig ist, sich nicht abzusondern, die Gefahr, zu einem Einzelgänger zu verkommen, ist in der Arbeitslosigkeit sehr groß. **Der größte Vorteil** jedes Menschen ist, andere Menschen zu mögen, das Angenommenwerden wird dadurch um vieles erleichtert. **Ein anderes großes Problem ist:** Viele Menschen warten darauf, eingeladen zu werden und ärgern sich, wenn sie nicht eingeladen werden.

Diese Menschen entfernen sich aus einem Gesellschaftskreis, wo die freie Kommunikation wie die Gefühlskommunikation stattfindet, ohne deren unsere Gesellschaft gar nicht lebensfähig wäre. **Ergreifen Sie die Initiative, laden Sie andere Menschen zu sich ein und freuen Sie sich, wenn diese Menschen zu Ihnen kommen.**

Hier haben Sie die Möglichkeit, anderen Menschen zu beweisen, was für ein guter Gastgeber, Mensch und Kommunikationspartner Sie sind. **Mit einer Einladung haben wir die Möglichkeit, uns selbst eine Chance zu geben, uns anderen Menschen zu öffnen, aber auch um Freundschaften am Leben zu erhalten.** Auch Sie werden eingeladen werden, wenn andere spüren, dass Sie Menschen mögen und Sie ihre Gesellschaft suchen. Lachen Sie mit diesen Menschen, spaßen Sie mit ihnen, nehmen Sie das Leben von der leichteren Seite.

Es bringt Ihnen ja nichts, wenn Sie es schwernehmen und Trübsal blasen, damit verändern Sie nur Ihr persönliches Wohlbefinden in eine negative Spirale, wie das Wohlbefinden Ihrer Familie und aller anderen. **Warten Sie nicht, bis Menschen Ihnen die Tür öffnen,** achten Sie darauf, dass Sie selbst stets ein offener Mensch sind, dann werden auch andere für Sie ihre Türen offen halten.

Sie müssen kontaktfreudig sein, um andere kontaktfreudig werden zu lassen, nur so **können Sie Ihre graue Welt, wo Sie glauben, die Sonnenstrahlen nicht mehr zu spüren, verändern.** Das Bild dieser Welt, wie sie sich im Moment darstellt und zeigt, ist nicht die reale, die einzige Wahrheit. Diese Welt hat Millionen von Bildern, so ist auch die persönliche Wahrheit, das Bild dieser Welt, das wir sehen, für jeden von uns einzigartig.

**Das Bild unserer Welt wird von uns gemacht, es ist ein geistig-seelisches Bild, das von uns projiziert wird.** Unsere Gedanken und unsere Seele sind eine Projektionsmaschine von Sein und Zeit. Stets sehen wir nur das, was wir sehen wollen, **warum dann nicht positiv denken, wenn es sich damit viel leichter leben lässt?**

Es ist wichtig, dass, wenn Sie arbeiten, Sie auch diese Zeit zu einer Zeit werden lassen, wo Sie Freude generieren und absorbieren können. **Genießen Sie jede Zeit, in der Sie leben,** dann wird Ihnen auch die Zeit, in der Sie wieder arbeiten, mehr Freude bereiten. **Ihr Geist wird es Ihnen mit Leistung und Kreativität danken.**

**Ihr beruflicher Erfolg wird nicht ausbleiben,** das eine zieht das andere nach sich, im positiven wie im negativen Sinne. Treiben Sie Sport, vergnügen Sie sich mit Ihrer Familie, mit Ihren Freunden und leben Sie für die Weiterbildung. Eignen Sie sich neues Wissen an, Sie können nie genug davon kriegen. **Formen Sie Ihre Persönlichkeit und machen Sie sich zu dem, was Sie sein möchten. Lenken Sie** Ihren Geist und **horchen Sie auf Ihre innere Stimme, folgen Sie ihr.** Um unsere Persönlichkeit aufbauen zu können, müssen wir sie zu Allererst schützen. **Niemand darf oder sollte unsere Persönlichkeit beschmutzen oder denunzieren können.**

Dafür müssen wir bereit sein zu kämpfen, wir müssen uns klar durchsetzen, nur dann können wir eine starke Persönlichkeit in uns aufbauen. **Unser Ich wie unsere ganze Erscheinung ist unsere Persönlichkeit, diese Persönlichkeit sollte**

- **Stärke**
- **Belastbarkeit**
- **Positive Ausstrahlung**
- **sowie gepflegtes Auftreten beinhalten**

Jeder von uns muss sich von Einengungen lösen, ansonsten ersticken unsere Werte.

**Wir müssen uns durchsetzen, wir dürfen uns von niemandem erdrücken lassen, aber wir müssen auch zuhören. Wir müssen auch anderen die Möglichkeit geben, sich zu entfalten, nur dann haben wir die Möglichkeit, von anderen zu lernen.** Wir müssen lernen, auf die Stimme unserer Seele zu horchen, wir müssen unsere innere Stimme ernst nehmen.

Jetzt haben Sie Zeit dazu, nutzen Sie diese Zeit, sich selbst kennenzulernen. **Wir müssen unserer Persönlichkeit neue Werte zufließen lassen.** Wir müssen diese Werte auch verteidigen, aus diesen Werten heraus entsteht unsere Persönlichkeit und macht uns zu dem, was wir sind. Nur mit der **Verteidigung und dem Beschützen** unserer Persönlichkeit können wir unserer Persönlichkeit den Wert zurückgeben, den wir unter Umständen verloren haben. **Denken Sie vorher und kommunizieren Sie immer mit einem freundlichen Ton, bleiben Sie locker und lächeln Sie auch zwischendurch einmal.**

**Beschützen heißt, sich von niemandem etwas nehmen zu lassen.** Dabei dürfen wir nicht vergessen, dass Beschützen stets im positiven Sinne passieren soll. Es gilt auch andere Wahrheiten zu respektieren, nur müssen wir deswegen diese **Wahrheiten noch lange nicht für uns annehmen, wenn sie fraglich sind.** Vergessen wir nicht, keiner tickt wie Sie, warum sollte gerade der andere wie Sie ticken? Das Wichtigste in unserem Leben **ist, nur das anzunehmen, was unserer persönlichen Wahrheit entspricht, da, wo unser inneres Ich ja dazu sagt und wir überzeugt sind, das Richtige zu tun.** Leben Sie stets für den heutigen Tag, genießen Sie ihn, doch vergessen Sie nicht, den morgigen vorzubereiten.

Dabei ist es wichtig zu wissen, dass Ihr Geist dafür zu sorgen hat, dass es Ihrer Seele gut geht. **Wir müssen lernen, unsere Gedanken so zu lenken, dass wir Geist und Seele im Einklang halten können.** Geht es unserem Geistleben gut, dann wird auch unser Körper keinerlei Probleme mit sich tragen. Die Wichtigkeit des Lebens besteht darin, wie wir unser Gedankenleben gestalten, es liegt an uns, unsere Gedanken zu ordnen. Erst dann steht unserem allgemeinen Wohlbefinden nichts mehr im Wege.

**Wenn wir es fertig bringen, nach diesen Regeln zu leben, wird unser Geist eine feste Struktur und Stabilität erlangen.** Stabilität ist für unser zukünftiges Leben enorm wichtig. Erst wenn diese Stabilität erlangt ist, kann ein neuer Plan erstellt und größere Aufgaben in Angriff genommen werden.

**Erst wenn Sie Ihr tägliches Plansoll mit Leichtigkeit erfüllen können, fällt es Ihnen auch nicht mehr schwer, höher gestellte Aufgaben zu bewältigen.** Jetzt, da Ihr Kopf frei ist und Sie mit neuer Energie geladen sind, sollten Sie imstande sein, Ihre Zukunft neu zu formieren und auszuloten.

**Ihre Persönlichkeit hat jetzt ganz andere Formen angenommen, sie hat sich entwickelt, sie ist schon jetzt um ein Vielfaches gewachsen.** Ihr Verantwortungsbewusstsein hat sich um ein Vielfaches vergrößert, Sie sind wieder jemand,

Sie haben wieder Kraft und Energie. **Sie haben Ihre Persönlichkeit zurückgewonnen, Sie haben die Oberhand wiedererlangt.** Sie sind wieder einsetzbar und belastbar, diesen Zustand werden nicht nur Sie spüren, sondern auch all jene, die mit Ihnen in Kontakt treten. **Vergessen Sie dabei nicht, weiterhin mit Ihrer Seele zu kommunizieren,** Ihr Geist versteht jetzt Ihre Gefühle, beide müssen eins bleiben. Je mehr Sie mit Ihren Gefühlen kommunizieren, desto besser können Sie sich selbst kontrollieren.

**Je besser Sie sich selbst kontrollieren, desto leichter wird es für Sie, andere Menschen zu verstehen.** Je besser Sie andere Menschen verstehen, desto größer wird Ihre eigene **Persönlichkeit wachsen.** Der Glaube an sich selbst nimmt zu, dieser Glaube, dieses persönliche Vertrauen zu sich selbst kann Berge versetzen. Er kann Ihre Zukunftswünsche später zu Ihrer Gegenwart machen, **er kann Ihre Träume zur Wirklichkeit werden lassen.** Alles, was dahintersteckt, ist nicht so leicht, wie es sich viele vielleicht vorstellen. Es ist harte Denkarbeit, Wissen und Gefühle richtig einzusetzen.

**Da, wo man im richtigen Moment das Richtige macht.** Nun gilt es, einen neuen Rhythmus zu finden, um neue gut funktionierende Automatismen aufzubauen. **Erst wenn Sie diesen Rhythmus gefunden haben, werden Sie die Übersicht über Ihren Tagesablauf nicht mehr verlieren.** Ihre Arbeit wie Ihre Freizeit wird wieder in einem geordneten Zeitfenster stattfinden. Versuchen Sie dabei, alles in Ihrer Regelmäßigkeit auszuüben.

Danach kann in Ihrem Leben wieder Spaß und Freude im Vordergrund stehen, jetzt können Sie mit Ihrem Leben eine neue Zukunft beginnen. **Horchen Sie weiterhin auf Ihren Geist wie auf Ihre Seele und kommunizieren Sie mit ihnen.** Sie geben Ihnen die Nahrung, die es braucht, um das Leben auf neue wunderbare Art zu genießen. **Vergessen Sie nicht: Ihr Geist ist Ihr Wissen,** Ihre Gedanken fragen nach Ihrem Wissen.

**Ihre Seele ist Ihr Gefühl,** beziehen Sie Ihr Gefühl immer mit ein, um Ihr Tun als Ganzes zu entscheiden. Daraus entsteht Ihre Persönlichkeit, ein Konstrukt, das einzigartig ist.

# Ist-Kontrolle

Voraussetzung für Ihren Erfolg ist eine strategische Selbstüberwachung wie Ihr Arbeiten nach klar definierten Zielen. **Lesen Sie sich diese Checkliste durch** und überprüfen Sie Ihre Stärken und wo Sie sich noch verbessern können.

**Können Sie zielsicher auf Veränderungen von Rahmenbedingungen reagieren?**

**Berücksichtigen Sie bei Ihren Aktivitäten Ihre relativen Stärken und Erfolgspotenziale?**

**Wenn Sie Informationen aufnehmen, wissen Sie dann genau, was für Sie wirklich strategisch wichtig ist?**

**Setzen Sie neue Impulse auch konsequent genug um, statt diese irgendwo abzulegen und zu vergessen?**

**Wenn Sie eine Entscheidung treffen müssen, haben Sie dann feste Kriterien für Ihre Entscheidungsfindung?**

**Schaffen Sie es, über Ihr Tagesgeschäft hinaus auch mittel- oder langfristig wichtige Dinge anzupacken?**

**Reservieren Sie regelmäßig eine strategische Planungszeit, um Ihre Vorhaben zu überprüfen?**

**Das Allerwichtigste für den Erfolg ist: Konzentrieren Sie sich immer nur auf ein Ziel. Vergessen Sie nicht, nur das Ziel ist der Weg. Bauen Sie Teilziele ein und versuchen Sie diese Teilziele zu erreichen.**

**Stärken erkennen:** Jeder Mensch besitzt sein eigenes **Unternehmen,** seine **Persönlichkeit, sein Wissen.** Dieses Wissen gilt es zu **verkaufen, an den Mann oder an die Frau zu bringen. Wir verhandeln mit Menschen, diese wollen wir mit unseren Stärken überzeugen.** Jeder Mensch hat seine speziellen Stärken, diese **Stärken gilt es zu erkennen und auszubauen, um sie später vorzuweisen.**

Stärken sind immer eine **Kombination von Fähigkeiten,** diese Fähigkeiten lassen sich meistens zu einer großen **Perfektion** hin ausbauen. Sie können mit Ihren Fähigkeiten der Beste auf Ihrem Gebiet werden, **wenn Sie es wirklich wollen.**

Listen Sie einmal all Ihre Stärken, die Sie zu bieten haben, für sich auf; Sie können sich ein **unverwechselbares Profil schaffen,** wenn Sie Ihre Stärken weiter ausbauen. **Vergessen Sie nie, an Ihren Stärken wie an Ihren Schwächen zu arbeiten.** Wenn Sie an Profil gewinnen wollen, **eliminieren Sie Ihre Schwächen.** Wollen Sie jedoch Ihre Schwächen ausbauen und vernachlässigen dabei Ihre Stärken, **werden Sie trotz allem wieder zweitklassig sein.**

Darum verlassen Sie nie Ihre wahren Stärken. Zweitklassig sein heißt **Chanceneinbußen,** nicht mehr genug **wettbewerbsfähig sein,** sowohl als Angebot als auch als Marktnachfrage. Erwerben Sie sich eine sichtbare Kompetenz. Das heißt, dass Sie Ihr **Fachwissen wie Ihre Persönlichkeit** ganz individuell jedem so vermitteln, dass er Sie auch **versteht.** Nur so können Sie Anerkennung und Kompetenz erlangen.

**Stärkenanalyse: Schreiben Sie Ihre Stärken auf, absolute Stärken, relative Stärken. Wo glauben Sie, dass andere Menschen in Ihnen Stärken erkennen? Das richtige Ziel entscheidet über jedermanns Erfolg.** Für welche Alternativen Sie sich entscheiden, wird von **Zielen** bestimmt. In diesen Zielen legen Sie fest, was für Sie wichtig oder weniger wichtig ist.

**Je klarer die Zielsetzung,** desto besser laufen die **Informationsprozesse,** die **Entscheidungen** sowie die gesamte **Entwicklung. Je klarer Sie Ihre Ziele definieren,** desto leichter und schneller erreichen Sie Ihr großes Ziel, **desto mehr Kraft und Engagement** setzen Sie zum Erreichen dieses Ziels ein. Das Wichtigste, um ein Ziel zu erreichen, ist **die totale Identifizierung des sich gesetzten Ziels,** kein **Zweifel** darf bei der Zielerreichung zurückbleiben. **Alles in Ihnen** muss sich auf **dieses eine Ziel konzentrieren** können. Nie dürfen Sie dieses Ziel aus den Augen verlieren.

# Die Ist-Analyse

Arbeiten Sie heraus, was Sie bisher Neues erreicht haben, was Sie versäumt haben und was noch ausbaufähig ist. Analysieren Sie, welche Probleme Sie bereits gelöst haben und welche Probleme es noch zu lösen gibt! **Beschreiben Sie für sich noch einmal Ihre Visionen und Ziele im Detail genau.** Nehmen Sie sich Zeit, nichts sollte vergessen werden. **Konzentrieren Sie sich nur auf dieses eine Ziel.** Arbeiten Sie dieses ab, bevor Sie Ihr nächstes Ziel in Angriff nehmen. Nur so werden Sie Ihr großes Ziel erreichen.

Wo liegen Ihrer Meinung nach Ihre **absoluten Stärken,** was für **zusätzliche Stärken** zeichnen Sie sonst noch aus? Suchen Sie Ihre **erfolgversprechendsten Stärken,** sortieren Sie diese und **bauen Sie diese Stärken** gezielt aus!

Suchen Sie konsequent nach Ihren Stärken, es sind mehrere vorhanden. **Identifizieren** Sie sich mit Ihren größten Stärken **und kombinieren Sie diese mit Ihrer neuen Leistungsbereitschaft!**

**Bauen Sie sich ein persönliches, unverwechselbares Stärken-und-Leistungs-Profil auf!**

**Schärfen Sie Ihren Blick für neue Betätigungsfelder und Chancen!**

**Lernen** Sie, mit der Arbeitslosigkeit umzugehen, **lernen** Sie, diese zu beherrschen, **lernen** Sie, Nutzen daraus zu ziehen und **der Erfolg, Ihr Erfolg,** wird nicht lange auf sich warten lassen. **Jetzt sind Ihre Chancen auf dem Arbeitsmarkt um ein Vielfaches gestiegen!**

**Viel Glück und Spaß an Ihrer nächsten Arbeitsstelle, Ihr neuer Arbeitgeber wartet schon auf Sie.**